Ban

Walter Benjamin
Berliner Chronik

Mit einem Nachwort
von Gershom Scholem

Suhrkamp Verlag

Revidierte Ausgabe

Erste Auflage der revidierten Ausgabe 1988

Druck: Nomos Verlagsgesellschaft, Baden-Baden
Printed in Germany

Berliner Chronik

Für meinen lieben Stefan

Da will ich mir die zurückrufen, die mich in die Stadt eingeführt haben. Denn gerade das Kind, dem seine einsamen Spiele die nächste Nähe zur Stadt wachsen lassen, braucht und sucht sich Führer in deren weitere[m] Umkreis und die ersten sind wohl – für ein wohlgebornes Bürgerkind, wie ich eines war, die Kinderfräulein gewesen. Mit denen ging es in den Zoo – der mir aber erst sehr viel später unter den lärmenden Militärkapellen mit der »Lästerallee« (so nannte der Jugendstil diesen Corso) auftaucht – und wenn nicht in den Zoo, dann in den Tiergarten. Ich glaube, die erste »Straße«, die ich so entdeckte, die mir nichts Wohnliches mehr, keinerlei Heimat war und zwischen Läden Preisgegebensein und an den Übergängen auch Gefahren spüren ließ, war die Schillstraße, von der ich mir gerne einbilde, daß sie sich weniger als andere im Westen verändert hat und eine doch [?] aus dem Nebel auftauchende Szene – Lebensrettung des »Brüderchens« – heute noch aufnehmen könnte. Der Weg in den Tiergarten ging über die Herkulesbrücke und deren sanft abfallende Seiten werden denn wohl die ersten Hügelflanken gewesen sein, mit denen das Kind Bekanntschaft machte – im Zeichen der schönen steinernen Löwenflanken, die über ihm aufstiegen. Am Ende der Bendlerstraße aber tat sich das Labyrinth auf, dem seine Ariadne nicht fehlte: der Irrgarten um Friedrich Wilhelm III und die Königin Luise die auf ihren bebilderten Empiresockeln mitten aus Blumenbeeten wie von den magischen Zügen versteinert strebten, die ein kleiner Kanal in den Sand schrieb. Lieber als an d[ie] Gestalten wandten sich meine Augen an den Sockel, weil was sich da abspielte, wenn auch unklarer im Zusammenhang näher im Raum war. Daß es aber mit diesem hohenzollerschen Labyrinth eine besondere Bewandtnis hat, das bestätigt sich mir noch heute, in dem von nichts sich wissend machenden, sehr banalen Aussehen des Vorplatzes an der Tiergartenstraße, wo nichts verriet, daß man nur wenige Meter von der seltsamsten Stelle der Stadt entfernt ist. Damals freilich muß er mehr als genau dem entsprochen haben, was hinter ihm wartete, denn hier oder unweit muß jene Ariadne ihr Lager gehalten haben, in deren Nähe ich zum ersten Male und um es nie mehr ganz zu vergessen, das lernte, was mir das Wort, das ich damals mit kaum drei Jahren wohl schwerlich kannte, sofort begreiflich machte, als es mir aufstieß: Liebe. Hier taucht das »Fräulein« von neuem auf, als kalter Schatten, der das Geliebte verschwinden ließ. Wahrscheinlich wird darin nie einer Meister, worin er nicht die Ohnmacht gekannt hat, und wer dem zustimmt, der wird auch wissen, daß diese Ohnmacht nicht am Anfang oder vor aller Bemühung um die Sache liegt, sondern mitten in ihr. So käme ich denn jetzt zur Mitte meines Lebens mit Berlin, die sich über die ganze spätere Kindheit bis an den Anfang meiner Studienzeit erstreckt: die Ohnmacht vor der Stadt. Die war doppelt gegründet: einmal in einem sehr schlechten Orientierungssinn; wenn es dreißig Jahre gedauert hat, bis mir das Wissen um rechts und links in Fleisch und Blut überging, bis ich herausbekam, wie man einen Stadtplan benutzt, so war mir das Wissen um dies Ungeschick doch lange nicht geläufig und wenn etwas fähig war, meinen Widerwillen, von ihm Kenntnis zu nehmen, zu steigern, so war es die Beharrlichkeit, mit der mich meine Mutter mit der Nase drauf stieß. Ihr gebe ich die Schuld, daß ich noch heute mir keine Tasse Kaffee kochen kann, ihrer Neigung, die kleinsten Handreichungen, Verhaltungsweisen zu Test[en] mei-

Berliner Chronik

Nun will ich mir die zurückrufen, die mich in die Stadt eingeführt haben. Denn gerade das Kind, das seine einsamen Spiele der Stadt am nächsten aufwachsen lassen, braucht und sucht sich Führer in deren Weiteres, und die ersten sind wohl — für mich wohlgeborenes Großstadtkind, wie ich einmal war, die Kinderfräulein gewesen. Mit denen ging es in den Zoo — den mir aber erst sehr viel später unter den hinreißenden Militärkapellen und der „Lästerallee" (so nannte der Jugendstil diese Promenade) aufschloß — und wenn nicht in den Zoo, dann in den Tiergarten. Ich glaube, die erste „Straße", die ich so entdeckte, die nur nichts Wohnliches mehr, [illegible] oder aus gastlichen Läden [illegible] an den Vorüberziehenden sich zu sehen geben ließ, war die Schillstraße, von der ich mit gutem Grund weiß, daß sie sich irgendwo anders als im tiefsten Dunkel verloren hat und einen Weg auf dem Kabel aufzeichnete [illegible] — Lebensrettung des „Bärenhäuters" — heute noch [illegible]. Der Weg in den Tiergarten ging über die Herkulesbrücke, deren sanft abfallende Böschungen wohl die ersten Berghänge gewesen sein, mit denen das Kind Bekanntschaft machte — im Zeichen der schönen steinernen Löwensockel, die oben [illegible]. Am Ende der Bendlerstraße aber tat sich das Labyrinth auf, das seine Ariadne nicht fehlte: der Irrgarten um Friedrich Wilhelm III. und die Königin Luise, die auf ihren bebilderten Empiresockeln mitten aus Blumenbeeten wie von den magischen Zügen versteinert standen, die ein kleines ~~[illegible]~~ Rinnsal davor in den Sand schrieb. ~~[illegible]~~ Lieber als an den Gestalten ~~galt~~ wandten sich meine Augen an den Sockeln, weil das, was sich da abspielte, wenn auch undeutlicher im Zusammenhang, näher im Raume war. Daß es aber mit diesem Hohenzollernschen Labyrinth einen besonderen Bewandtnis hat, das bestätigt sich mir noch heute an dem ganz nichtssagenden, sehr banalen Aussehen des Vorplatzes an der Tiergartenstraße, wo nichts darauf deutet, daß man nur wenige Meter von der seltsamsten ~~[illegible]~~ Stelle der Stadt entfernt ist. Damals freilich muß ~~[illegible]~~ er mehr dem genau entsprochen haben, was hinter ihm verborgen war, denn hier oder unweit muß jene Ariadne gehalten haben, in deren Nähe ich zum ersten Male erfuhr, was ich ohne es ganz zu erfassen, das Wort, das ich damals mit kaum drei Jahren noch schwerlich kannte, sofort begreiflich machte, als es mir aufstieß: Liebe. Hier taucht das Fräulein von neuem auf, als

Faksimile der ersten Seite des Manuskripts

ner Eignung für das praktische Leben zu machen, verdanke ich die träumerische Resistenz beim gemeinsamen Gang durch die selten von mir betretnen Straßen der City. Dieser Resistenz aber wiederum wer weiß wie viel von dem, was heut meinen Umgang mit den Straßen der Stadt fundiert. Und insbesondere einen Blick, der nicht den dritten Teil von dem, was er auffaßt, zu sehen scheint. Auch erinnere ich mich wie meiner Mutter nichts unausstehlicher war als die Peinlichkeit, mit der ich beim Gang durch die Straßen immer wieder um einen halben Schritt hinter ihr blieb. Langsamer, ungeschickter, blöder zu scheinen als ich es war, diese Gewohnheit nahm ich auf solchen gemeinsamen Gängen an und sie hat die große Gefahr, sich schneller, geschickter, schlauer zu glauben als man es ist.

Lange, jahrelang eigentlich, spiele ich schon mit der Vorstellung, den Raum des Lebens – Bios – graphisch in einer Karte zu gliedern. Erst schwebte mir ein Pharusplan vor, heute wäre ich geneigter zu einer Generalstabskarte zu greifen, wenn es die vom Innern von Städten gäbe. Aber die fehlt wohl, in Verkennung der künftigen Kriegsschauplätze. Ich habe mir ein Zeichensystem ausgedacht und auf dem grauen Grund solcher Karten ginge es bunt zu, wenn die Wohnungen meiner Freunde und Freundinnen, die Versammlungsräume der mancherlei Kollektiva von den »Sprechsälen« der Jugendbewegung bis zu den Versammlungsorten der kommunistischen Jugend, die Hotel- und die Hurenzimmer, die ich für eine Nacht kannte, die entscheidenden Tiergartenbänke, die Schulwege und die Gräber, deren Füllung ich beiwohnte, die Stellen, an denen Cafés prangten, deren Namen heute verschollen sind und uns täglich über die Lippen kamen, die Tennisplätze auf denen heut leere Mietshäuser und die gold- und stuckverzierten Säle, die die Schrecken der Tanzstunden beinah Turnsälen gleichmachten, wenn all das dort deutlich unterscheidbar eingetragen würde. Aber wenn uns schon diese Ermunterung fehlt, so habe ich doch die andere, die ein guter Vorgänger hinterläßt. Und das ist der Franzose Léon Daudet, beispielgebend mindestens in dem Titel seines Werkes, der genau umfaßt, was ich bestenfalls hier geben könnte: Paris vécu. Gelebtes Berlin klingt weniger gut, ist aber gleich wirklich. Und nicht nur um diesen Titel handelt sichs hier, sondern in der Tat ist Paris in der Reihe der freiwilligen oder unfreiwilligen Geleiter, deren Reihe ich hier mit den Kinderfräulein begonnen habe, der vierte. Soll ich es mit einem Wort sagen, was ich Paris für diese Betrachtungen verdanke, so ist es: der Vorbehalt. Kaum wäre es mir möglich, dem Hin und Wieder dieser Erinnerungen an mein frühestes Stadtleben mich zu überlassen, stünden nicht von Paris her streng umschrieben die beiden einzigen Formen vor mir, in denen das auf legitime Art, das heißt mit der Gewähr der Dauer geschehen kann und wäre nicht mein Verzicht, die erste zu erreichen so gründlich wie meine Hoffnung, die zweite einmal zu verwirklichen anhaltend. Die erste Form ist geschaffen im Werke von Marcel Proust und der Verzicht auf jedes Spielen mit verwandten Möglichkeiten wird schwerlich eine bündigere Gestalt finden, als die der Übersetzung, welche ich ihr zu geben vermocht habe[1]. Ver-

1 Benjamin übersetzte, zusammen mit Franz Hessel, den zweiten und dritten Roman der Recherche du temps perdu; vgl. Proust, Im Schatten der jungen Mädchen, Berlin 1927 und ders., Die Herzogin von Guermantes, München 1930. Die von Benjamin allein stammende Übersetzung von Sodome et Gomorrhe ging verloren.

wandte Möglichkeiten – gibt es sie überhaupt? Und sicher dulden sie kein Spiel mit sich. Was Proust so spielerisch begann, ist ein atemraubender Ernst geworden. Wer einmal den Fächer der Erinnerung aufzuklappen begonnen hat, der findet immer neue Glieder, neue Stäbe, kein Bild genügt ihm, denn er hat erkannt: es ließe sich entfalten, in den Falten erst sitzt das Eigentliche: jenes Bild, jener Geschmack, jenes Tasten um dessentwillen wir dies alles aufgespalten, entfaltet haben; und nun geht die Erinnerung vom Kleinen ins Kleinste, vom Kleinsten ins Winzigste und immer gewaltiger wird, was ihr in diesen Mikrokosmen entgegentritt. So das tödliche Spiel, mit dem Proust sich einließ, und bei dem er Nachfolger schwerlich mehr finden wird als er Kameraden brauchte.

Das merkwürdigste aber aller Straßenbilder aus meiner frühen Kindheit – merkwürdiger als der Einzug der Bären, den ich mit neun Jahren an der Seite eines Kinderfräuleins – es kann auch meine französische Gouvernante gewesen sein – ansah, merkwürdiger als die Pferdebahn, die die Schillstraße passierte oder dort ihre Endstation hatte, ist – das muß um 1900 gewesen sein – eine vollkommen menschenleere wie ausgestorbene Straße, auf die die schweren polternden Wassermassen ununterbrochen herabströmten. Es war eine lokale Unwetterkatastrophe, in welche ich da hineingeraten war, im übrigen kann ich auch sonst die Vorstellung außerordentlicher Vorgänge an diesem Tage nicht loswerden; ich glaube fast, man hatte uns aus der Schule wieder nach Hause geschickt. Jedenfalls blieb mir von dieser Situation ein Alarmsignal; meine Kräfte müssen am Versagen gewesen sein und mitten in den asphaltierten Straßen der Stadt fühlte ich mich den Naturgewalten preisgegeben[,] in einem Urwald wäre ich zwischen den Baumriesen nicht verlaßner gewesen als hier auf der Kurfürstenstraße zwischen den Wassersäulen. Wie ich die beiden bronzenen Löwenmäuler an der Haustür mit ihren Ringen, die nun Rettungsringe waren, erreichte, weiß ich nicht mehr.

Fahrten zum Bahnhof in der ratternden Droschke, die, am Rande des Landwehrkanals entlang, durch die Dunkelheit fuhr und in deren schmutzigen Polstern, kurz ehe es, für ein paar Wochen zumindest, sein Ende fand, das abendliche Beieinander im Salon oder im Wohnzimmer der Elternwohnung beklommen und gewaltsam nochmals sich herstellte. So war es nicht das, was bevorstand, was so schrecklich auf einem lastete, auch eigentlich der Abschied von dem was war sondern das, was noch anhielt, was dauerte; was selbst in dieser ersten Reiseetappe noch sich behauptete. Meist wird das Ziel solcher Fahrten der Anhalter Bahnhof gewesen sein – es ging nach Suderode oder nach Hahnenklee, nach Bad Salzschlirf oder – in den späteren Jahren – nach Freudenstadt. Aber hin und wieder war es auch Arendsee oder Heiligendamm und da ging es vom Stettiner Bahnhof ab. Es ist, glaube ich, seit der Zeit, daß die Dünenlandschaft der Ostsee für mich hier in der Chausseestraße als eine Fata morgana auftaucht, gestützt nur auf die gelben sandigen Farben des Bahnhofsgebäudes und die Vorstellung des hinter seinen Mauern schrankenlos sich öffnenden Horizonts.

Der vierte Führer. Sich in einer Stadt nicht zurechtzufinden – das mag uninteressant und banal sein. Unkenntnis braucht es dazu – sonst nichts. In einer Stadt sich aber zu verirren – wie man in einem Wald sich verirrt – das bedarf schon einer ganz anderen Schulung. Da müssen Schilder und Straßennamen, Passanten, Dächer, Kioske oder Schenken zu dem Umgetriebenen so sprechen wie ein knackendes Reis im Walde unter seinen Füßen, wie der erschreckende Schrei einer Rohrdommel aus der Ferne, wie die plötzliche Stille einer Lichtung, in deren Mitte eine Lilie aufschießt. Diese Irrkünste hat mich Paris gelehrt; es hat den Traum erfüllt, dessen früheste Spuren die Labyrinthe auf den Löschblättern meiner Schulhefte waren. Es ist auch nicht zu leugnen, daß ich in sein Zentrum, die Kammer mit dem Minotauros geraten bin, nur daß dies mythologische Ungeheuer drei Köpfe hatte; nämlich diejenigen der Insassen des kleinen Bordells in der Rue La Harpe das ich mit Aufbietung meiner letzten Kräfte (und zum Glück nicht ohne den Faden einer Ariadne) betrat. Wenn es aber damit meine beklommensten Erwartungen einlöste, so übertraf es von anderer Seite her meine graphischen Träumereien. Paris, wie es sich mir im Zuge einer hermetischen Tradition erschloß, die ich rückwärts zumindest bis auf Rilke verfolgen kann und deren damaliger Hüter Franz Hessel war, war mehr als ein Irrgarten ein Irrstollen. Unmöglich, die Unterwelt der Metro und der Nord Süd, die sich mit hunderten von Schächten in der ganzen Stadt öffnet, aus meinen endlosen Flanerien fortzudenken.

Und dann der fünfte Führer: Franz Hessel. Ich meine nicht sein Buch »Spazieren in Berlin«, das erst später entstand, sondern jene »Nachfeier«[2], die unsern gemeinsamen Pariser Gängen nun in der Heimatstadt wie in einem Hafen gegeben war, dessen Mole unter den Tritten der schlendernden Seeleute manchmal sich noch wellenhaft hebt und senkt. Mitte dieser Nachfeier aber war »die grüne Wiese« – ein Bett das, während ringsum die Couches sich breiten, noch thront und auf dem wir ein kleines gefälliges östlich verblaßtes Nachspiel der großen Schlaffeste gaben, mit denen, ein paar Jahre früher, in Paris, die Surrealisten ihre reaktionäre Laufbahn eröffneten, ohne es zu wissen, so daß an ihnen der Spruch, daß den Seinigen es der Herr im Schlafe gibt, wahr wurde. Auf diese Wiese breiteten wir aus, was wir daheim noch an Frauen mochten, aber es war nicht viel. Der Blick traf unter gesenkten Lidern oft besser als im Zugwind der Treppenhäuser die Palmen, Karyatiden, Glasfenster, Nischen aus denen sich als das erste Kapitel einer Lehre von dieser Stadt die »Tiergartenmythologie« entwickelte. Sie glückte und sie gedieh, denn klug genug waren wir gewesen, Freundinnen aus den Quartieren des Viertels an uns zu ziehen und im ganzen der pariser Gepflogenheit, das quartier zu bewohnen treu zu bleiben. Freilich ist in Berlin das quartier leider Sache der Bessergestellten, weder Wedding noch Reinickendorf noch Tegel ist es so sehr wie Ménilmontant, Auteuil oder Reuilly. Desto schöner waren Raubzüge Sonntag nachmittags, auf denen eine Moabiter Passage, der Stettiner Tunnel oder die Freiheit vor dem Wallnertheater entdeckt wurde. Eine Photographin war unter uns. Und mir scheint, wenn ich an Berlin denke, die Seite der Stadt,

2 »Nachfeier« ist der Titel eines anderen, 1929 erschienenen Buches von Franz Hessel.

der wir damals nachgingen, die einzige, die wirklich der photographischen Aufnahme zugänglich ist. Je näher wir nämlich an ihr heutiges, fließendes, funktionales Dasein herantreten, desto mehr schrumpft der Umkreis des Photographierbaren an ihr; man hat mit recht bemerkt[3], daß an einer modernen Fabrik z.B. die Photographie kaum mehr irgendetwas Wesentliches auf die Platte bringt. Man kann solche Bilder vielleicht mit Bahnhöfen vergleichen, die in diesem Zeitalter, wo die Eisenbahn zu veralten beginnt, im Allgemeinen auch nicht mehr die echte »Einfahrt« geben, in der die Stadt sich von ihrem Weichbild, ihren Außenvierteln wie in den Zufahrtsstraßen des Automobilisten aufrollt. Der Bahnhof gibt gleichsam die Anweisung auf ein Überraschungsmanöver, aber auf ein veraltetes, das nur auf das alte stößt und nicht anders ist es mit der Photographie, ja noch mit der Momentaufnahme. Erst dem Film eröffnen sich optische Zufahrtsstraßen in das Wesen der Stadt wie sie den Automobilisten in die neue City führen.

Aber dieser Durchblick würde kein Vertrauen verdienen, gäbe er von dem Medium nicht Rechenschaft, in dem diese Bilder allein sich darstellen und eine Transparenz annehmen, in welcher, wenn auch noch so schleierhaft die Linien des Kommenden wie Gipfelzüge sich abzeichnen. Die Gegenwart des Schreibenden ist dieses Medium. Und aus ihr heraus legt er nun einen anderen Schnitt durch die Folge seiner Erfahrung. Er erkennt eine neue und befremdliche Gliederung in ihnen. Die frühe Kindheit zuerst, die ihn in sein Wohnviertel schloß – den alten oder den neuen Westen,

3 Gedacht ist an eine Stelle aus Brechts »Dreigroschenprozeß«.

welchen die Klasse, die ihn zu ihrem Angehörigen bestimmt hatte, in jener aus Selbstgefühl und Ressentiment gebildeten Haltung bewohnte, die etwas wie ein ihr zum Lehen verliehenes Ghetto aus ihm machte. Jedenfalls war er in dieses Viertel der Wohlhabenden eingeschlossen ohne von einem andern zu wissen. Die Armen – für reiche Kinder seiner Generation lebten sie auf dem Dorfe[?]. Und wenn er den Armen in dieser Frühzeit sich vorstellen konnte so war es, ohne daß er Name und Herkunft gekannt hätte, unter dem Bilde des Schnorrers, der eigentlich ein Reicher, nur ohne Geld, ist, da er – dem Produktionsprozeß und der von ihm noch nicht zu abstrahierenden Ausbeutung weit entrückt zu seinem Darben sich so kontemplativ verhält wie der Reiche zu seinem Haben. Sein erster Exkurs in die exotische Welt des Elends war bezeichnenderweise ein schriftlicher (nur durch Zufall vielleicht einer seiner ersten) nämlich die Darstellung eines Zettelverteilers und seiner Demütigung durch die Verhaltungsweise des Publikums, das sich der Mühe nicht unterzieht, die angebotenen Zettel auch nur zu nehmen[,] so daß dieser Arme – so endete die Geschichte – sich heimlich seines ganzen Packens entledigte. Gewiß eine recht unfruchtbare Bereinigung der Sachlage, in der sich die Ausflucht in Sabotage und Anarchismus schon ankündigt, die späterhin dem Intellektuellen so schwer macht, zur Einsicht in die Dinge zu kommen. Vielleicht, daß man die gleiche Sabotage des wirklichen gesellschaftlichen Daseins noch später, in der geschilderten Verhaltungsweise bei den Gängen durch die City wiederfindet in Gestalt des eigensinnigen Vorbehalts, in keinem Falle eine Front, und sei es mit der eignen Mutter, zu bilden. Kein Zweifel jedenfalls, daß ein Gefühl, die Schwelle der eignen Klasse nun zum erstenmal zu überschreiten an der fast beispiellosen Faszination, auf offener Straße eine Hure anzusprechen, Anteil hatte. Stets aber war am Anfang dieses Überschreiten einer sozialen Schwelle auch das einer topographischen, dergestalt, daß ganze Straßenzüge so im Zeichen der Prostitution entdeckt wurden. Aber war es wirklich ein Überschreiten, ist es nicht vielmehr eher ein eigensinnig-wollüstiges Verharren auf der Schwelle, ein Zögern, das das triftigste Motiv in dem Umstand hat, daß diese Schwelle ins Nichts führt? Unzählig aber sind in den großen Städten die Stellen, wo man auf der Schwelle ins Nichts steht und die Huren sind gleichsam Laren dieses Kultus des Nichts und stehen in den Haustoren der Mietskasernen und auf dem sanfter schallenden Asphalt der Perrons. So wurden mir auf diesen Irrgängen ganz besonders die Bahnhöfe vertraut, die ihre Weichbilder wie die Städte haben: der Schlesische, der Stettiner, der Görlitzer, Bahnhof Friedrichstraße.

Wie es für Kinder Märchen gibt, in denen eine Hexe oder auch eine Fee einen ganzen Wald beherrscht, so kannte ich als Kind eine ganze Straße, die eine Frau unter sich hatte und die sie ausfüllte, obwohl sie immer in ihrem Erker thronte, eine Minute entfernt von dem Hause, in dem ich geboren war: Tante Lehmann. Sie war Statthalterin der Steglitzer Straße. Zu ihrem Zimmer stiegen die Stufen hart hinter der Flurtür steil empor; es war dunkel auf ihnen, bis die Tür zum Zimmer sich auftat und die gebrechliche Stimme gläsern den guten Tag bot und Weisung gab, den gläsernen Rhombus uns auf den Tisch zu stellen, der das Bergwerk umschloß, in dem kleine Männer Karren führten, mit der Spitzhacke schufteten, mit Laternen in die Stollen leuchteten, in den Förderkörben aufwärts und abwärts stets in Bewegung waren. Dieser Tante und ihres Bergwerks wegen konnte die Steglitzer Straße nun nie mehr für mich nach Steglitz heißen. Ein Stieglitz in seinem Käfig hatte mehr Ähnlichkeit mit dieser Straße, in welcher die Tante in ihrem Erker hauste, als der berliner Vorort, der mir nichts sagte. Wo sie an der Genthiner ausläuft, zählt sie zu denen, die vom Wandel der letzten dreißig Jahre am unberührtesten blieben. In den Hinterhäusern und Dachgeschossen haben sich hier, als Hüterinnen des Vergangnen viele Huren niedergelassen, die in der Inflation die Gegend in den Ruf brachten, Schauplatz der niederträchtigsten Zerstreuungen zu sein. Versteht sich, daß man die Etagen niemals erfahren konnte, in denen die Wohnzimmer der Verarmten und der Schoß ihrer Töchter den reichen Amerikanern sich öffnete[n].

Wenn ich so, nichts als Stiefel und Waden vor mir, das Gescharr der hunderte von Füßen im Ohr die Treppen emporstieg, packte mich – das glaube ich zu erinnern – oft ein Widerwille, in diese Masse gepfercht zu sein und wieder erschien mir, wie auf jenen Gängen durch die City mit meiner Mutter das Alleinsein als der einzig menschenwürdige Zustand. Sehr begreiflich, denn so eine Schülermasse ist von den gestaltlosesten und unwürdigsten eine und verrät ihre bürgerliche Natur schon darin, daß sie wie jede Ansammlung dieser Klasse in unsern Tagen die rudimentärste Organisationsform darstellt, die ihre einzelnen Glieder ihrem gegenseitigen Verhältnis geben können. Die Gänge mit den Klassenzimmern, die dann endlich vor einem lagen, gehören zu den Schrecknissen, die sich am festesten bei mir eingenistet haben, in meine Träume nämlich, die an der Monotonie, dem kalten Stumpfsinn, der einen beim jedesmaligen Überschreiten der Klassenschwelle erfaßte, Rache genommen haben, indem sie Schauplatz der exzentrischsten Vorgänge werden. Oft dient als Folie die berühmte Angst, man müsse das Abitur noch ein zweites Mal (unter schlechtern Bedingungen) nachholen und nichts als Übermut oder Leichtsinn hatte mich in diese Lage versetzt. Unzweifelhaft eignen sich diese Räume zu traumhafter Vergegenwärtigung, etwas von ihr hat selbst die nüchterne Erinnerung, in der mir die Steinstufen, die ich täglich fünfmal oder öfter noch hinaufhasten mußte, einen feuchten Schweißgeruch absondern. Die Schule, die äußerlich gut instand war, gehörte durch Architektur und Lage zu den trostlosesten. Sie entsprach ihrem Wahrzeichen, einem Gipsstandbild Kaiser Friedrichs, das in einer abgelegnen, von den kriegspielenden Horden freilich bevorzugten Ecke des Hofes klein und kümmerlich vor einer Brandmauer abgestellt war. Eine Schullegende hat es, wenn ich nicht irre, als Stiftung bezeichnet. Dieses Denkmal wurde, zum Unterschied von den Klassenzimmern nie gewaschen und eine ansehnliche Schicht von Schmutz und von Ruß hat sich im Laufe der Jahre darübergelegt. Es steht noch heute an seinem Bestimmungsort. Der Ruß aber regnet darauf tagtäglich aus den passierenden Stadtbahnzügen herab. Garnicht unmöglich, daß meine eingewurzelte Abneigung gegen die Stadtbahn auf diese Zeit zurückgeht, da mir jeder, der an ihren Fenstern saß beneidenswert erschien. Ihm hatte die Schuluhr, die über unsern Köpfen herrschte, nichts zu sagen und ohne es auch nur zu ahnen, durchschnitt er unsern unsichtbar gegitterten Stundenkäfig. Sehen konnte man ihn übrigens nur in den Pausen, denn die Fenster der Klassenzimmer bestanden in ihrem untern Teile aus Milchglas. »Wandernde Wolken, Segler der Lüfte«[4] hatte für uns die vollendete Präzision, die dieser Vers für Gefangene nun einmal hat. Im übrigen ist mir gerade aus den eigentlichen Klassenzimmern nicht vieles gegenwärtig geblieben außer diesen genauen Gefangnenemblemen: nämlich den Milchglasscheiben und den infamen holzgeschnitzten Supraporten in Zinnenform. Ich würde mich nicht wundern, wenn man mir erzählte, auch die Schränke hätten solche Bekrönungen besessen, ganz von den Kaiserbildern an den Wänden zu schweigen. Heraldischer und ritterlicher Stumpfsinn prunkte wo nur immer möglich. In der Aula aber hatte er sich aufs Festlichste mit dem Jugendstile verbunden. Ein plumpes extravagantes Ornament zog sich mit starren graugrünen Gliedern über der Täfelung ihrer Wände dahin. Gegenständliche Bezüge konnte man ebensowenig wie historische in ihm finden; nirgends bot es dem Auge die mindeste Zuflucht, während das Ohr dem Geschepper der närrischen Ansprachen hilflos ausgesetzt war. Immerhin, unter diesen Aula-Veranstaltungen ist eine wegen der Wirkung vielleicht merkwürdig, die sie Jahre lang auf mich ausübte. Das war die Abschiedsfeier für die Abiturienten. Hier finde ich, wie an einigen andern Stellen, in meinem Gedächtnis streng fixierte Worte, Ausdrücke, Verse, die wie eine bildsame später aber erkaltete Masse den Abdruck des Zusammenstoßes zwischen einem größern Kollektiv und mir in sich bewahrt haben[5]. Wie eine gewisse Art bedeutsamer Träume in Worten das Erwachen überdauert, wenn sonst schon alle übrigen

4 »Eilende Wolken! Segler der Lüfte! / Wer mit euch wanderte ...« lauten die Verse aus Schillers Maria Stuart korrekt.

5 Anspielung auf den »Epilog« überschriebenen Text, den Benjamin 1912 in der »Bierzeitung« seiner Klasse veröffentlichte; vgl. Gesammelte Schriften, Bd. VII, Frankfurt a.M. 1988, S. 13-15.

Trauminhalte sich verflüchtigt haben, so sind hier isolierte Worte als Male katastrophaler Begegnungen stehen geblieben. Zu ihnen gehört jenes, mit dem für mich sich [die] gesamte Atmosphäre der Schule verdichtet hat; ich hörte es, als ich zum ersten Male, nachdem ich vorher nur privaten Unterricht bekommen hatte und probehalber eines Vormittags in die spätere Kaiserfriedrichschule – die aber damals noch in der Passauerstraße lag – geschickt worden war. Es haftet dieses Wort noch heute für mich an einer trägen, dikken unschönen Jungensfigur und es lautete: Leithammel. Weiter ist von diesem frühesten Schulerlebnis nichts übrig. Etwas ähnliches wiederholte sich aber ungefähr sechs Jahre später als ich meinen ersten Tag unter befremdlichen und bedrohlichen Verhältnissen in Haubinda[6] verlebte und da von einem mir feindlich und rüde erscheinenden langen Jungen – er spielte keine kleine Rolle in der Klasse – die Frage an mich gerichtet wurde, ob mein Alter schon weg sei. Mir war diese geläufige Vokabel der Schülersprache ganz unbekannt. Ein Abgrund tat sich vor mir auf, den ich mit einem bündigen Protest zu überbrücken trachtete. Hier in der Aula nun waren es die Verse mit denen das vom Schülerchor den Abiturienten gesungene Abschiedslied begann: »Bruder nun zuletzt/geben wir dir jetzt/auf die Wandrung das Geleite« es folgte dann noch etwas mit »treu zur Seite« – diese Verse jedenfalls waren es, die mir alljährlich das Maß meiner Schwäche zu nehmen erlaubten. Denn so greifbar dieser verruchte Schulbetrieb mir täglich vor Augen lag: d[ie] Melodie dieses Liedes schien mir den Abschied von dieser Hölle mit unendlicher Wehmut zu umgeben. Als es dann freilich eines Tages an mich und meine Klasse gerichtet

6 Name des Landschulheims, in dem Benjamin 1905 und 1906 einunddreiviertel Jahre verbrachte.

wurde, muß es glimpflicher an mir vorübergegangen sein, denn ich weiß nichts mehr davon. Bemerkenswerter ist ein anderer Vers, der als ich ihn einmal im Nebenraum der Turnhalle beim Ankleiden nach der Stunde hörte, mir unvergeßlich blieb. Warum? Vielleicht weil »Schulze« – so hieß der schnoddrige Junge, der ihn wußte, ganz hübsch war, vielleicht weil er mir richtig schien, am wahrscheinlichsten, weil er der Situation in der er fiel, dem überstürzten militärischen Gehaben, so höchst angepaßt war. »Eile nie und haste nie/dann haste nie/Neurasthenie.«

Vor allem denke man nicht, daß da von einer Markt-Halle die Rede war. Nein, man sprach »Mark-Talle« und wie diese beiden Wörter in der Gewohnheit des Sprechens verschlissen waren, daß keines seinen ursprünglichen »Sinn« beibehielt, so waren in der Gewohnheit dieses Ganges verschlissen alle Bilder, die er bot, so daß ihrer keines sich dem ursprünglichen Begriff von Einkauf oder Verkauf darbietet.

Wenn ich ein besseres Deutsch schreibe als die meisten Schriftsteller meiner Generation, so verdanke ich das zum guten Teil der zwanzigjährigen Beobachtung einer einzigen kleinen Regel. Sie lautet: das Wort »ich« nie zu gebrauchen, außer in den Briefen. Die Ausnahmen, die ich mir von dieser Vorschrift gestattet habe, ließen sich zählen. Das hat nun eine sonderbare Folge gehabt, die mit diesen Notizen aufs engste zusammenhängt. Als nämlich eines Tages der Vorschlag an mich herantrat, für eine Zeitschrift eine Folge von Glossen über alles was mir an Berlin von Tag zu Tag bemerkenswert erscheine in loser, subjektiver Form zu geben – und als ich einschlug – da stellte sich mit einem Mal heraus, daß dies Subjekt, das jahrelang im Hintergrund zu bleiben war gewohnt gewesen, sich nicht so einfach an die Rampe bitten ließ. Aber weit entfernt, Protest einzulegen, hielt es sich vielmehr an die List und so erfolgreich, daß ich einen Rückblick auf das, was Berlin im Laufe der Jahre für mich geworden war, für das gegebne »Vorwort« solcher Glossen hielt. Wenn nun dies Vorwort schon im Umfang weit über jenen Raum hinausgeht, der den Glossen vorgesehen war, so ist es nicht nur das geheimnisvolle Werk der Erinnerung – die eigentlich das Vermögen endloser Interpolationen im Gewesenen ist – sondern zugleich die Vorkehrung des Subjekts, das von seinem »ich« vertreten, nicht verkauft zu werden, fordern darf. Es gibt aber in Berlin eine Gegend, mit der dies Subjekt tiefer als mit jeder andern, die es bewußt in ihr erlebte, verbunden ist. Gewiß hat es Stadtgegenden gegeben, in denen ihm gleich tiefe oder gleich erschütternde Erfahrungen zu machen bestimmt war, aber in ihrer keiner hat sich so unlösbar die Gegend selber ins Geschehen eingemischt. Die Gegend, von der ich hier spreche, ist das Tiergartenviertel. Dort war in einem hinteren Flügel von einem der Häuser die der Stadtbahnüberführung zunächst stehen, das »Heim«. Das war eine kleine Wohnung, die ich in Gemeinschaft mit dem Studenten Ernst Joël gemietet hatte. Wie wir uns dazu vereinigt hatten, kann ich nicht mehr erinnern; ganz einfach wird es schwerlich gewesen sein, denn die Studentengruppe »für soziale Arbeit«, die von Joël geleitet wurde, war während des Semesters, in dem ich den Vorsitz der berliner freien Studentenschaft inne hatte, ein

Hauptziel meiner Angriffe und eben als Führer dieser »Sozialen Gruppe« hatte Joël den Mietvertrag unterzeichnet, während mein Beitrag die Rechte des »Sprechsaals« auf das Heim sicherstellte. Die Aufteilung der Räume zwischen den beiden Gruppen – mag sie von räumlichem oder von zeitlichem Charakter gewesen sein – war sehr scharf und in jedem Falle spielte damals für mich nur die Gruppe des Sprechsaals eine Rolle. Meinem Mitkontrahenten Ernst Joël stand ich fremd gegenüber und ich ahnte noch nicht, welchen zauberischen Aspekt der Stadt gerade er mir, fünfzehn Jahre danach, eröffnen sollte[7]. So taucht an dieser Stelle sein Bild nur auf als Antwort auf die Frage, ob vierzig Jahre nicht ein zu frühes Alter sei, die wichtigsten Erinnerungen des eignen Lebens heraufzurufen. Denn dieses Bild ist nun schon das von einem Toten[8], und wer weiß, wie er mir den Übergang über diese Schwelle, mit der Erinnerung, sei es auch ans äußerlichste oder oberflächlichste, hätte erleichtern können. Zu dem andern[9] hatte er keinen Zutritt und unter allen die ihn einmal hatten, bin ich als einziger zurückgeblieben. Nie hätte ich gedacht, ich würde ihn auf diesem Wege – dem topographischen – je wieder suchen. Wenn ich mir aber jetzt den ersten Anlauf wieder ins Gedächtnis rufe, den ich – es ist nun länger als zehn Jahre – in dieser Richtung machte, so fällt der Vergleich zu gunsten dieses jüngern und bescheidneren aus. Das war damals in Heidelberg und gewiß in selbstvergeßner Arbeit, daß ich es versuchte, die Gestalt meines Freundes Fritz Heinle, um die all jene Geschehnisse im Heim sich ordnen und mit dem sie verschwinden, in ei-

7 Vgl. Scholems Nachwort über Benjamins Haschischexperimente mit Joël, unten S. 96-98.

8 Ernst Joël war 1929, wahrscheinlich an Drogen, gestorben.

9 Gemeint ist Fritz Heinle.

ner Betrachtung über das Wesen der Lyrik zu beschwören. Fritz Heinle war Dichter und unter allen der einzige, dem ich nicht »im Leben« sondern in seiner Dichtung begegnet bin. Er ist mit neunzehn Jahren gestorben und man konnte ihm nicht anders begegnen. Aber dennoch, dieser erste Versuch, den Raum seines Lebens in dem der lyrischen Poesie zu beschwören, war umsonst und das Umitteilbare der Erfahrung, aus der der Vortrag erwachsen war, in dem ich das unternahm kam im Unverständnis und im Snobismus der Hörer, die ihn im Hause von Marianne Weber hörten, in ihre Rechte unbezwinglich ein. Soviel blasser seitdem die Erinnerung wurde, sowenig ich noch von den Räumen im »Heim« mir deutlich Rechenschaft geben kann, mir scheint heut dennoch der Versuch, dem Toten den äußern Raum, in dem er lebte, ja das Zimmer, in welchem er »gemeldet« war, nachzuzeichnen, befugter als den geistigen zu umfassen, in welchem er dichtete. Vielleicht aber ist das auch nur, weil er in diesem letzten, wichtigsten Jahre seines Lebens den Raum durchschnitt, in dem ich geboren bin. Heinles Berlin war zugleich das Berlin des »Heims«. Er wohnte in diesen letzten Zeiten in dessen nächster Nähe, in einem Zimmer im vierten Stockwerk eines Hauses in der Klopstockstraße. Dort habe ich ihn einmal besucht. Es war nach einer langen Trennung, der ein schweres Zerwürfnis zugrunde lag. Noch heute aber entsinne ich mich des Lächelns, das mir das Ungeheure dieser ganzen Trennungswochen aufwog und mit dem [er] eine, wahrscheinlich fast belanglose Wendung zu einem Zauberspruche machte, welcher den Verletzten heilte. Später – als der Morgen gekommen war, zu dem ein Eilbrief mich mit den Worten geweckt hatte: »Sie werden uns im Heim liegen finden« – als Heinle und seine Freundin gestorben waren, blieb diese Gegend noch eine Weile die

Mitte für die Begegnungen der Überlebenden. Heute aber ist sie, wenn ich sie mit ihren altmodischen Etagenhäusern, ihren vielen im Sommer bestaubten Bäumen, den schwerfälligen Eisen- und Steinkonstruktionen der Stadtbahn, die sich durch sie hindurchziehn, den wenigen, in großen Abständen verkehrenden Elektrischen, dem träge bewegten Wasser des Landwehrkanals, der sie von den proletarischen Quartieren Moabits abschloß, den prunkvollen aber nie betretnen Baumgruppen des Schloßparks Bellevue und den unsagbar gemeinen Jagdgruppen, die am großen Stern ihre Zufahrt flankieren, mir in Erinnerung rufe – heut ist mir diese räumliche Stelle, in der wir damals zufällig unser Heim eröffneten, der strengste bildliche Ausdruck für die geschichtliche, die diese letzte wirkliche Elite des bürgerlichen Berlin einnahm. Sie stand dem Abgrund des großen Krieges so nahe wie ihr Heim dem steilen Abfall des Landwehrkanals, sie war scharf von der proletarischen Jugend getrennt wie die Häuser dieser Rentnerviertel von denen Moabits, und sie waren letzte ihres Stammes wie die Bewohner jener Etagenhäuser die letzten gewesen waren, die die fordernden Schatten der Enterbten mit philanthropischen Zeremonien beschwören konnten. Dennoch – oder gerade deswegen – ist soviel sicher, daß zu keiner späteren Zeit die Stadt Berlin selbst in mein Dasein so mächtig eingegangen ist, wie in jener Epoche, da wir sie selber glaubten unberührt lassen zu können, um nur die Schulen in ihr zu verbessern, nur die Unmenschlichkeit der Eltern ihrer Zöglinge zu brechen, nur den Worten Hölderlins oder Georges in ihr ihren Platz zu geben. Es war ein äußerster, heroischer Versuch, die Haltung der Menschen zu verändern ohne ihre Verhältnisse anzugreifen. Wir wußten nicht, daß er scheitern mußte, aber kaum einer war unter uns, den solches Wissen umzustimmen vermocht hätte. Und heute so gut wie damals, wenn auch aus sehr andern Überlegungen heraus, verstehe ich, daß die »Sprache der Jugend« im Mittelpunkt unserer Vereinigungen stehen mußte. Auch weiß ich heute keinen wahreren Ausdruck unserer Ohnmacht als jenen Kampf, der uns damals als der Höhepunkt unserer Kraft und unseres Übermutes erschienen ist, wenn auch selten fühlbarer als an diesem Abend der Schatten des Untergangs war, den das Unverständnis der Beiwohnenden auf uns geworfen hat. Ich denke hier an Heinle und mich, die wir an einem Abend der Aktion zu Worte kamen. Ursprünglich vorgesehen war nur eine Rede von mir und sie war betitelt »Die Jugend«. Es war mir selbstverständlich, daß ihr Text bevor er verlesen wurde, in unserm engsten Kreise bekannt wurde. Kaum war das aber geschehen, so erhob Heinle Einspruch. Sei es, daß er selbst reden, sei es daß [er] mir Änderungen zumuten wollte, welche ich ablehnte – es kam zu einem heftigen Streit und wie immer bei solchen Anlässen war es die ganze Existenz der Streitenden, die eingesetzt wurde – an Heinles Seite die jüngste jener drei Schwestern[10], um die die wichtigsten Geschehnisse damals gravitierten als stellte das Beisammenleben einer jüdischen Witwe mit ihren drei Töchtern, für eine Gruppe, welcher es mit der Vernichtung der Familie ernst war, den gegebnen Stützpunkt dar. Kurz, jenes Mädchen bestärkte den Freund in seinen Ansprüchen[.] Aber auch ich selber wollte nicht zurücktreten. So kam es,

10 Rika, Carla und Traute Seligson. Rika (Friederike) – tatsächlich die älteste der Schwestern – war die Freundin Fritz Heinles und beging mit ihm gemeinsam am 8. August 1914 Selbstmord. Traute (Gertrud) war eng mit Wolf Heinle, dem jüngeren Bruder von Fritz, befreundet und wählte 1915 ebenfalls den Freitod. Carla, die Benjamin am nächsten stand, heiratete 1917 Herbert Blumenthal-Belmore, einen Jugendfreund Benjamins, mit dem er sich 1916 überwarf.

daß an jenem Abend der »Aktion« vor einem staunenden, doch wenig gewogenen Publikum zwei Reden gleichen Titels und von fast gleichem Wortlaut verlesen wurden, und in der Tat, der Spielraum jener »Jugendbewegung« war nicht größer als der, den die Nüancen dieser Reden zwischen sich beschlossen. Wenn ich heute an diese beiden Reden zurückdenke, so möchte ich sie den aneinanderschlagenden Inseln der Argonautensage vergleichen, den Symplegaden, zwischen denen kein Schiff heil hindurchkommt und, damals, ein Meer von Liebe und von Haß seine Wogen warf. – Versammlungen der bürgerlichen Intelligenz sind damals sehr viel häufiger gewesen als heutzutage, da sie noch nicht ihre Schranken erkannt hatte. Wir aber dürfen sagen, daß wir diese Schranken fühlten, wenn auch noch lange darüber vergehen sollte, bis die Erkenntnis reif war, daß niemand Schule und Elternhaus verbessern [kann], der den Staat nicht zertrümmert, welcher die schlechten braucht. Wir fühlten diese Schranken, wenn wir unsere Sprechsäle, in denen die Jüngern über die Brutalitäten sprachen, die sie zu Hause zu erdulden hatten, in Salons abhielten, die wir der Freundlichkeit von Eltern dankten, die doch im Grunde garnicht anders als jene dachten, gegen die wir uns wenden wollten. Wir fühlten sie, wenn wir Älteren unsere literarischen Abende in Kneipenzimmern abhielten, die keinen Augenblick vor den bedienenden Kellnern sicher waren, wir fühlten sie, wenn wir unsere Freundinnen in möblierten Zimmern empfangen mußten, die wir nicht wagen durften, abzuschließen, wir fühlten sie in den Verhandlungen mit Saalbesitzern und Portiers, mit Verwandten und Vormündern. Und als dann schließlich, nach dem achten August 1914 die Tage kamen, da die unter uns, die den Toten am engsten verbunden waren, sich nicht mehr von einander trennen wollten, bis sie beerdigt waren, da fühlten wir sie in der Schmach, nur in einem zweideutigen Bahnhofshotel am Stuttgarter Platz eine Zuflucht finden zu können. Selbst der Friedhof bewies uns die Grenze[n], die allem, was uns am Herzen lag, von der Stadt gesetzt waren: es war unmöglich, den beiden, die gemeinsam gestorben waren, ein Grab auf einem und demselben Friedhof zu verschaffen. Aber das waren Tage, welche mich für die Einsicht reif machten, der ich später begegnete[,] und die mir die Überzeugung gaben, daß auch die Stadt Berlin nicht um die Narben eines Kampfes um die bessere Ordnung herumkommen wird. – Komme ich heute zufällig durch die Straßen des Viertels, so betrete ich sie mit der gleichen Beklommenheit wie eine Bodenkammer, in die man seit Jahren nicht mehr gekommen ist. Es mag da wohl noch Wertvolles drinnen stehen aber niemand kennt sich mehr darin aus. Und wirklich ist dies tote Viertel mit seinen hohen Mietshäusern heute der Abstellraum des Bürgertums aus dem Westen.

Dies war die Zeit, in der die berliner Cafés für uns eine Rolle spielten. Ich entsinne mich noch des ersten, das ich mit Nachdruck in mich aufgenommen habe. Das war viel früher, unmittelbar nach meinem Abiturium. Heute besteht das Viktoriacafé, in dem damals gegen drei Uhr morgens der erste gemeinsame Bummel zu Ende ging, nicht mehr. An seiner Stelle – Ecke Friedrichstraße und Linden – ist eines der lärmenden Luxuscafés von Neu-Berlin getreten, gegen welches dies frühere, so luxuriös es auch zu seiner Zeit gewesen sein mag, sich mir mit allem Zauber der Lüster-Zeit, der Spiegel-Moden und des Plüsch-Comforts abhebt. Dieses alte Café Viktoria war damals unsere letzte Station und wir erreichten sie wohl nur noch als kleiner Zirkel. Es wird schon mehr als halb leer gewesen sein – jedenfalls kann ich unter den Schleiern, die heute vor diesem Bilde liegen, niemanden mehr erkennen als einige Huren, die das weite Café für sich allein zu haben schienen. Wir blieben nicht lange und ich weiß nicht, ob ich das Viktoriacafé, das nicht lange danach verschwunden sein muß, noch einmal betreten habe. Noch war die Zeit nicht gekommen, in der der Cafébesuch mir zum täglichen Lebensbedürfnis wurde und schwerlich ist es Berlin gewesen, das dieses Laster in mir großgezogen hat, so gut es sich auch später den Lokalen dieser Stadt hat anpassen können, welche ein viel zu angestrengtes und bewußtes Genußleben führt, um wirkliche Caféhäuser zu kennen. Unser erstes Café war denn auch vielmehr ein strategisches Quartier als ein Ort der Siesta. Und damit ist es bereits unverwechselbar bezeichnet: Bekanntlich ist das Hauptquartier der Bohème bis in die ersten Jahre des Krieges hinein das alte Café des Westens gewesen. In diesem Café war es, daß wir in den allerersten Augusttagen beieinandersaßen und unter den Kasernen, auf die sich der Ansturm der Freiwilligen richtete, unsere Wahl trafen. Sie fiel auf die der Kavallerie in der Bellealliancestraße und da trat ich dann auch an einem der folgenden Tage an – keinen Funken Kriegsbegeisterung im Herzen, aber so reserviert ich in meinen Gedanken war, denenzufolge es sich einzig darum handeln konnte, bei der unvermeidlichen Einziehung sich seinen Platz unter Freunden zu sichern, in dem Schwall von Leibern, der sich damals vor den Toren der Kasernen staute, war auch meiner. Freilich nur für zwei Tage. Am achten trat dann das Ereignis ein, das diese Stadt und diesen Krieg auf lange Zeit für mich versinken ließ. Oft habe ich Heinle im Café des Westens gesehen. Wir hatten unsere Vereinbarungen dort meistens spät, gegen zwölf Uhr. Ich kann nicht eigentlich sagen, daß wir zur literarischen Bohème, die dort tagte, oder auch nächtigte, enge Beziehungen hatten, wir waren eine Gruppe für uns, die Welt unserer »Bewegung« war eine andere als die der Emanzipierten, welche uns dort umgaben und es gab nur flüchtige Berührungen mit ihnen. Ein Mittelsmann zwischen beiden war eine Zeitlang Franz Pfemfert, der Herausgeber der Aktion; unsere Beziehungen zu ihm waren rein machiavellistischer Art. Auch Else Lasker-Schüler zog mich einmal an ihren Tisch; Wieland Herzfelde, damals ein junger Student war dort zu sehen, Simon Guttmann, von dem noch die Rede sein wird, aber damit ist diese Aufzählung schon bis an die Grenze unserer engeren Welt gekommen. Ich glaube, daß sie dem Café fremd war; die fieberhafte Konzentration, in die uns die Sorge um soviele einander konkurrierende Aktionen versetzte[,] die Organisierung der Freien Studentenschaft und die Entwicklung der Sprechsäle, die Ausarbeitung unsrer Vorträge in größeren Schülerversammlungen, die Hilfe für bedrängte Kameraden, die Sorge um solche, die durch Verwicklungen in Freundschafts- oder Liebessachen gefährdet waren – schied uns von der saturierten, geltungsbewußteren Bohème ab, die uns umgab. Heinle kannte wohl diesen und jenen aus ihr näher, etwa den Maler [Ludwig] Meidner, der ihn gezeichnet hat, aber diese Beziehung blieb für uns unfruchtbar. In der Schweiz las ich dann eines Tages, das Café des Westens sei geschlossen worden. Sehr heimisch war ich darinnen nie. Damals besaß ich noch nicht jene Leidenschaft des Wartens, ohne die man die Annehmlichkeiten eines Cafés nicht gründlich empfinden lernt. Und wenn ich mich eines nachts auf dem

Sofa, das um einen der Mittelpfeiler gebaut war, in dem rauchigen Raum warten sehe, so war es wohl eher ein fieberhaftes auf den Ausgang einer Verhandlung im Sprechsaal oder auf einen der Unterhändler, die in Aktion traten, wenn die Spannungen wieder einmal einen unerträglichen Grad erreicht hatten. Sehr viel vertrauter wurde mir das benachbarte Café, dessen Anfänge noch in die Zeit fallen, von der ich hier spreche. Das ist das Prinzeßcafé. Man wird beim Versuch einer »Physiologie der Caféhäuser« die erste, oberflächlichste Gruppierung in Berufs- und Vergnügungslokale vornehmen. Wenn man nun aber von den aufdringlichsten, industriell betriebnen Vergnügungsetablissements absieht, so wird man sehr bemerken, daß in der Geschichte der meisten Lokale die beiden Funktionsarten sich überdekken. Ein besonders greifbares Beispiel bietet dafür die Geschichte des romanischen Cafés gerade vom Zeitpunkt ab, da der Besitzer des Cafés des Westens seine Stammgäste vor die Tür setzte. Sehr bald nahm das romanische Café die Bohème auf und in den unmittelbar auf den Krieg folgenden Jahren konnte sie sich in ihm als Herr des Hauses fühlen. Der legendäre, nun schon tote, Zeitungskellner Richard – ein Buckliger, der wegen seines schlechten Leumunds in diesen Kreisen in Ehren gehalten wurde – war das Emblem ihrer Herrschaft. Als die Konjunktur in Deutschland von neuem anstieg, verlor die Bohème zusehends die bedrohliche Atmosphäre, die sie noch in den Zeiten der expressionistischen Revolutionsmanifeste umwittert hatte. Der Bürger revidierte sein Verhältnis zu den Insassen des Café Größenwahn (so wurde das Romanische Café bald genannt[)] und fand alles beim Alten. In diesem Augenblick begann die Physiognomie des Romanischen Cafés sich zu ändern. Die »Künstler« traten in den Hintergrund, um mehr und mehr ein Teil des Inventars zu werden und die Bourgeoisie – vertreten durch Börsianer, Manager, Film- und Theateragenten, literarisch interessierte Kommis – begannen den Platz – und zwar als ein Vergnügungslokal – zu besetzen. Denn zu den primitivsten und unentbehrlichsten Zerstreuungen des Großstadtbürgers, der tagaus tagein inmitten einer unendlich vielgestaltigen gesellschaftlichen Umwelt in das Sozialgefüge seines Büros und seiner Familie gesperrt ist – gehört in eine andere Umwelt einzutauchen, je exotischer sie ist, umso besser. Daher die Künstler-, die Verbrecherlokale. Der Unterschied der beiden ist in dieser Hinsicht nur gering. Die Geschichte der berliner Lokale ist zum guten Teil die der Publikumsschichten unter denen die, welche das Parkett eroberte allmählich nachrückenden den Platz zu räumen und die Bühne zu betreten haben [sic]. Eine solche Bühne war für Heinle und mich das Prinzeßcafé, das wir als Inhaber von Logenplätzen zu betreten pflegten. Das ist beinahe wörtlich zu nehmen: denn dies, von Lucian Bernhard, einem damals sehr gesuchten Innenarchitekten und Plakatzeichner – entworfene Café stellte seinen Besuchern eine Fülle lauschiger Buchten oder Logen zur Verfügung, es stand geschichtlich in der Mitte zwischen den Chambres séparées und den Mokkadielen. Welchem Berufsstand dementsprechend dies Lokal in erster Linie diente, ist damit klar. Und wenn wir es betraten, ja eine Zeitlang zu unserm Stammlokal machten, so war es sicher der Kokotten wegen. Heinle schrieb damals »Prinzeß-Café«. »Türen führen Kühle über durch Gesang«. Wir hatten nicht die Absicht Bekanntschaften in diesem Café [zu] machen. Im Gegenteil – was uns hier anzog, war, in eine Umwelt eingeschlossen zu sein, die uns isolierte. Jede Abgrenzung gegen die literarischen Zirkel der Stadt war uns recht. Diese allerdings mehr als jede andere. Und das hing in der Tat mit den Kokotten zusammen. Aber das führt in eine unterirdische Schicht dieser Jugendbewegung hinein, zu der der Zugang sich in einem Atelier in Halensee befand, dessen wir uns später erinnern werden. Es ist gut möglich, daß S. G[uttmann], sein Bewohner, auch hier bisweilen mit uns zusammentraf. Im Gedächtnis geblieben ist mir das nicht, wie überhaupt an dieser Stelle mehr als anderswo die Menschen gegen das Lokal zurücktreten und keiner unter ihnen mir so gegenwärtig ist, wie ein verlaßner, ungefähr kreisförmiger, mit violettem Tuche ausgespannter und violett beleuchteter Raum der oberen Etage, in dem immer eine ganze Anzahl von Plätzen leer war, indessen auf andern Liebespaare sowenig Raum wie nur möglich einnahmen. Ich nannte diesen Zirkel »die Anatomie«. Später, als diese Periode längst abgeschlossen war, saß ich dort lange Abende in der Nähe irgend einer Jazzbandkapelle und schrieb, meine Blätter und Zettel unauffällig zu Rate ziehend, an meinem »Ursprung des deutschen Trauerspiels«. Als eines Tages eine neue »Renovierung« einsetzte, und aus dem Prinzcafé das Café Stenwyk machte, gab ich es auf. Jetzt ist es bis zu einer Bierrestauration herabgesunken.

Nie mehr hat Musik etwas so Entmenschtes, Schamloses besessen, als die der beiden Blechkapellen, die den Strom von Menschen temperierten, der sich zwischen den Kaffeerestaurationen des Zoo die Lästerallee entlangschob. Heute erkenne ich, was die Gewalt dieser Strömung ausmachte. Für den Großstädter gibt es keine höhere Schule des Flirts als diese, die umgeben war von Sandplätzen der Gnus und der Zebras, den kahlen Bäumen und Rissen auf denen die Aasgeier und die Kondore nisteten, den stinkenden Wolfsgattern und den Brutplätzen der Pelikane und Reiher. Die Rufe und die Schreie dieser Tiere mischten sich mit in den Lärm der Pauken und des Schlagzeugs. Das war die Luft, in welcher zum erstenmal der Blick eines Knaben auf eine Vorübergehende fiel, während er um so eifriger zu seinem Freunde sprach. Und so groß war die Mühe, weder in Blick noch Stimme sich zu verraten, daß er nichts von ihr sah.

Damals hatte der Zoologische Garten noch einen Eingang an der Lichtensteinbrücke. Von allen dreien war er der am wenigsten belebte, er führte auch in seinen abgestorbensten Teil: die Allee, auf welche er mündete, ähnelte mit den milchweißen Kugeln ihrer Kandelaber irgend einer verlaßnen Brunnenpromenade von Wiesbaden oder Pyrmont und ehe die Wirtschaftskrise diese Kurorte so verödet hatte, daß sie altertümlicher als römische Thermen erscheinen, hatte dieser tote Winkel des Zoologischen Gartens ein Bild des Bevorstehenden, also ein weissagender Winkel. Man muß es für gewiß halten, daß es solche gibt, ja wie es Pflanzen gibt, von denen die Primitiven behaupten, daß sie ihnen die Kraft geben, in die Ferne zu sehen, so gibt es Orte, die solche Kraft an sich haben: verlassene Promenaden können es sein, auch Wipfel, besonders städtischer Bäume, die gegen die Mauern stehen, Bahnhofschranken und vor allem die Schwellen, die geheimnisvoll zwischen Bezirken der Stadt sich erheben. Im Grunde war eine solche Schwelle auch das Lichtensteinportal, die zwischen den beiden westlichen Parks. Es war als setzte in beiden, an der Stelle wo sie sich am nächsten waren, das Leben aus. Und noch fühlbarer wurde diese alltägliche Verlassenheit für den, der sich der glänzenden Auffahrt erinnerte, die in den Ballnächten, einige Jahre lang von einem Portal der Adlersäle zu sehen war, aber jetzt ebenso außer Gebrauch geraten ist wie das, längst geschlossene, Portal.

Wie gänzlich hiervon (der Musik des Zoo) unterschieden war eine andere Parkmusik, die mir schon früher zu erklingen begonnen hatte. Sie kam von der Rousseau-Insel und beschwingte die Schlittschuhläufer des Neuen Sees zu ihren Schleifen und Bögen. Ich war unter ihnen, lange ehe ich eine Vorstellung von der Herkunft des Inselnamens, geschweige denn der Schwierigkeiten seiner Schreibart hatte. Durch ihre Lage war diese Eisbahn keiner andern zu vergleichen und mehr noch durch ihr Leben in den Jahreszeiten. Denn was machte der Sommer aus den übrigen? Tennisplätze. Hier aber erstreckte sich unter den weit überhängenden Ästen der Uferbäume ein See, an den labyrinthische Wasserläufe sich schlossen und nun glitt man unter den kleinen geschwungnen Brücken hindurch, auf deren Brüstung oder an deren von Löwenmäulern getragnen Ketten gelehnt man im Sommer dem Gleiten der Boote in dem dunklen Wasser zugesehen hatte. Verschlungne Wege gab es in der Nähe des Sees und vor allem die zärtlichen Asyle einsamer Alter, Bänke »Nur für Erwachsene« am Rande des Sandhaufens mit seinen Kuten und Gräben, an denen die Kleinen buddeln oder vor denen sie sinnend stehen bis einer sie anstößt oder von der gebietenden Bank her die Stimme des Kindermädchens kommt, das hinter dem leeren Wagen streng und gelehrig seinen Roman liest und beinah ohne aufzublicken das Kind in Zucht hält, um nach getaner Arbeit mit dem Fräulein an dem anderen Ende der Bank, die den Kleinen zwischen den Knien hält und strickt, zu tauschen. Dahin finden einsame alte Männer, bringen den Ernst des Lebens mitten unter dem unvernünftigen Weiberhaufen, zwischen den schreienden Kindern zu Ehren: die Zeitung. War die Geliebte endlich nach langem Schlendern in den Wegen des Gartens gegangen, hatte ich keinen liebern Platz ihr nachzuhängen als eine Bank ohne Lehne auf diesen Plätzen und niemals fegte ich den Sand fort, wo ich mich niedersetzte. All diese Bilder habe ich bewahrt. Keines aber würde den Neuen See und ein paar Stunden meiner Kindheit so mir wiedergeben wie noch einmal die Takte zu vernehmen, mit denen meine von den Schlittschuhen beschwerten Füße nach einem einsamen Streifzug über die belebte Fläche wieder den vertrauten Bretterboden erreichten und an den Stollwerckautomaten und dem prächtigern, wo eine Henne ein bonbongefülltes Ei legt, vorüber über die Schwelle stolperten, hinter der der Anthrazitofen glühte und die Bank stand, auf der man nun die Last der Eisenschienen an den Füßen, die noch den Boden nicht erreichten, eine Weile auskostete, bevor man sich entschloß, sie abzuschnallen. Bettete man dann langsam den Schenkel aufs andere Knie, und schraubte den Schlittschuh los, da war es als hätte man anstatt seiner mit einem Mal Flügel an die beiden Füße bekommen und mit Schritten trat man hinaus, die dem gefrorenen Boden zunickten.

Die Sprache hat es unmißverständlich bedeutet, daß das Gedächtnis nicht ein Instrument zur Erkundung der Vergangenheit ist sondern deren Schauplatz. Es ist das Medium des Erlebten wie das Erdreich das Medium ist, in dem die toten Städte verschüttet liegen. Wer sich der eigenen verschütteten Vergangenheit zu nähern trachtet, muß sich verhalten wie ein Mann, der gräbt. Das bestimmt den Ton, die Haltung echter Erinnerungen. Sie dürfen sich nicht scheuen, immer wieder auf einen und denselben Sachverhalt zurückzukommen; ihn auszustreuen wie man Erde ausstreut, ihn umzuwühlen wie man Erdreich umwühlt. Denn Sachverhalte sind nur Lagerungen, Schichten, die erst der sorgsamsten Durchforschung das ausliefern, was die wahren Werte, die im Erdinnern stecken, ausmacht: die Bilder, die aus allen früheren Zusammenhängen losgebrochen als Kostbarkeiten in den nüchternen Gemächern unserer späten Einsicht – wie Trümmer oder Torsi in der Galerie des Sammlers – stehen. Und gewiß bedarf es, Grabungen mit Erfolg zu unternehmen, eines Plans. Doch ebenso ist unerläßlich der behutsame, tastende Spatenstich ins dunkle Erdreich und der betrügt sich selber um das Beste, der nur das Inventar der Funde und nicht auch dies dunkle Glück von Ort und Stelle des Findens selbst in seiner Niederschrift bewahrt. Das vergebliche Suchen gehört dazu so gut wie das glückliche und daher muß die Erinnerung nicht erzählend, noch viel weniger berichtend vorgehn sondern im strengsten Sinne episch und rhapsodisch an immer andern Stellen ihren Spatenstich versuchen, in immer tieferen Schichten an den alten forschend.

Gewiß stehen zahllose Fassaden der Stadt genau wie sie in meiner Kindheit gestanden haben; der eignen Kindheit aber begegne ich in ihrem Anblick nicht. Zu oft sind meine Blicke seitdem an ihnen entlanggestrichen, zu oft sind sie Dekor und Schauplatz meiner Gänge und Besorgungen gewesen. Und die wenigen, die eine Ausnahme von dieser Regel machen – allen voran die Matthäikirche auf dem Matthäikirchplatz – sind vielleicht nur eine scheinbare. Denn habe ich den abgelegenen Winkel, wo sie steht, wirklich in meinen Kinderjahren häufiger gesehen, ja auch nur gekannt? Ich weiß es nicht. Was er mir heute sagt, das dankt er wohl durchaus und ganz allein dem Bauwerk selbst: der Kirche mit den beiden spitze[n] Giebeldächern über ihren Seitenschiffen und dem gelben und ocker Backstein, aus dem sie errichtet ist. Es ist eine altmodische Kirche, mit der es steht wie mit manchen altmodischen Bauten; sie wissen obwohl sie garnicht mit uns klein gewesen sind, ja uns vielleicht nicht einmal kannten als wir Kinder waren, dennoch von unsrer Kindheit vieles und wir lieben sie darum. Ganz anders aber würde ich mich selber in diesem Alter gegenwärtig finden, hätte ich den Mut, eine gewisse Haustür zu durchschreiten, an der ich tausend und zehntausendmal vorüberfuhr. Eine Haustür im alten Westen. Sie und die Fassade ihres Hauses freilich sagen meinen Augen nichts mehr. Die Sohlen wären wohl die ersten, die mir, wenn ich die Haustür hinter mir geschlossen hätte, Meldung brächten, daß sie Abstand und Zahl der ausgetretnen Treppenstufen in mir selber aufgefunden hätten[,] daß sie auf dieser ausgetretenen Etagentreppe in alte Spuren getreten seien und wenn ich die Schwelle jenes Hauses nicht mehr überschreite ist es die Furcht vor einer Begegnung mit diesem Innern des Treppenflurs, der in der Abgeschiedenheit die

Kraft bewahrt hat, mich wiederzuerkennen, welche die Fassade längst verlor. Denn er ist mit seinen bunten Scheiben der gleiche geblieben, wenn auch im Innern, wo man wohnt, nichts mehr beim Alten blieb. Öde Verse erfüllten die Intervalle unseres Herzschlags wenn wir erschöpft auf dem Absatz zwischen den Stockwerken innehielten. Sie dämmerten oder sie blitzten von einer Scheibe, aus der eine Frau mit nußfarbnem Braun mit einem Pokal schwebend wie die Raffaelsche Madonna aus einer Nische stieg und während die Riemen der Mappe mir in die Schultern schnitten, mußte ich lesen: Arbeit ist des Bürgers Zierde, Segen ist der Mühe Preis. Draußen regnete es vielleicht. Eine der bunten Scheiben stand offen und beim Takte der Tropfen ging es weiter die Treppe herauf.

Motto[11]: O braungebackne Siegessäule
Mit Kinderzucker aus den Wintertagen.

Ich habe in Berlin nie auf der Straße gelegen. Die Abendröte habe ich gesehen und die Morgenröte, zwischen beiden aber war ich unter gekrochen. Nur die wissen von einer Stadt etwas, was ich nicht erfahre, denen das Elend oder das Laster sie zu einer Landschaft machte, die sie durchstreifen von Sonnenuntergang bis Sonnenaufgang. Ich habe immer ein Quartier gefunden, manchmal allerdings war es ein spätes und ein unbekanntes dazu, das ich nicht wieder bezog und in dem ich auch nicht allein war. Wenn ich so spät unter einem Hausbogen innehielt, hatten sich meine Beine in die Bänder der Straße verwickelt, und die saubersten Hände waren es nicht, die mich freimachten.

11 Zu dem Motto vgl. Scholems Nachwort, unten S. 96-98.

Erinnerungen, selbst wenn sie ins Breite gehen, stellen nicht immer eine Autobiographie dar. Und dieses hier ist ganz gewiß keine, auch nicht für die berliner Jahre, von denen hier ja einzig die Rede ist. Denn die Autobiographie hat es mit der Zeit, dem Ablauf und mit dem zu tun, was den stetigen Fluß des Lebens ausmacht. Hier aber ist von einem Raum, von Augenblicken und vom Unstetigen die Rede. Denn wenn auch Monate und Jahre hier auftauchen, so ist es in der Gestalt, die sie im Augenblick des Eingedenkens haben. Diese seltsame Gestalt – man mag sie flüchtig oder ewig nennen – in keinem Falle ist der Stoff, aus welchem sie gemacht wird, der des Lebens. Und das verrät sich weniger noch an der Rolle, die hier mein eignes Leben spielen wird, als der der Menschen, die in Berlin – wann immer und wer immer – mir die nächsten waren. Die Luft der Stadt, die hier beschworen wird, gönnt ihnen nur ein kurzes, schattenhaftes Dasein. Sie stehlen sich an ihren Mauern hin wie Bettler, tauchen in ihren Fenstern geisterhaft empor, um zu verschwinden, wittern um Schwellen wie ein Genius loci und wenn sie selbst ganze Viertel mit ihre[n] Namen erfüllen so ist es auf die Art, wie der des Toten den Denkstein auf seinem Grabe. Das nüchterne und lärmende Berlin, die Stadt der Arbeit und die Metropole des Betriebs hat doch nicht minder sondern eher mehr als manche andern die Orte und die Augenblicke, da sie von den Toten zeugt, von den Toten sich erfüllt zeigt und d[er] dunkle Sinn für diese Augenblicke, diese Orte gibt vielleicht, mehr als alles anderes, den Erinnerungen der Kindheit das, was sie so schwer zu fassen und zugleich so lockend quälend macht wie halb vergeßne Träume. Denn die Kindheit, die keine vorgefaßte Meinung kennt, kennt auch fürs Leben keine. Es kommt dem Totenreich, wo es in das der Lebenden hin[ein]ragt ebenso preziös verbunden (freilich auch nicht weniger reserviert) entgegen wie dem Leben selbst. Wieweit ein Kind zurückzugreifen vermag, ist schwer zu wissen, hängt von vielem, der Zeit, der Umwelt, der Natur und der Erziehung ab. Daß mein Gefühl für jene Tradition der Stadt Berlin, die nicht in ein paar Daten über Stralauer Fischzug, Fridericus achtzehnhundertachtundvierzig umschrieben ist – für jene topographische Tradition, die die Verbindung mit den Toten dieses Bodens darstellt, begrenzt ist, liegt schon darin beschlossen, daß die Familien meiner beiden Eltern nicht zu den Eingeborenen gehören. Das setzt dem kindlichen Erinnern – und dies ist es mehr als das kindliche Erleben selbst, das sich im folgenden bekundet, seine Grenze. Aber wo immer diese Grenze auch verlaufen mag: die zweite Hälfte des neunzehnten Jahrhunderts liegt gewiß diesseits von ihr und sie ist es, der die folgenden Bilder angehören, nicht in der Art genereller sondern jener, die nach der Lehre des Epikur aus den Dingen ständig sich absondern und unsere Wahrnehmung von ihnen bedingen.

Im Rücken lag der Vorraum mit den gefährlichen schweren in den starken Spiralen elastisch schwingenden Türen und nun hatte man die Fliesen betreten, die schlüpfrig waren von Fischwasser oder von Spülwasser und auf denen man so leicht auf Karotten ausgleiten konnte oder auf Lattichblättern. Hinter Drahtverschlägen, jeder behaftet mit einer Nummer, thronten die schwerbeweglichen Weiber, Priesterinnen der käuflichen Ceres, Marktweiber aller Feld- und Baumfrüchte, aller eßbaren Vögel, Fische und Säuger, Kupplerinnen, unantastbare, strickwollene Kolosse welche von Stand zu Stand zitternd sich mit einem Blitzen der großen Knöpfe aus Perlmutt oder einem Schlag auf die dröhnende schwarze Schürze oder die Katze voll Geld verständigten. Brodelte, quoll und schwoll es nicht unterm Saum ihrer Röcke, war nicht dies der wahrhaft fruchtbare Boden? Warf nicht in ihren Schoß ein Marktgott selber die Ware: Beeren, Schaltiere, Pilze, Klumpen von Fleisch und Kohl, unsichtbar beiwohnend ihnen, die sich ihm gaben, während sie träge und schweigend die Reihen der schwankenden Hausfrauen musterten, die, mit Körben und Taschen beladen, mühsam die Brut vor ihnen durch diese glatten, verrufnen Gassen zu steuern sich mühten. Gingen aber im Winter frühe am Abend die Gaslichter an, glaubte im Nu man zu sinken und im sanften Gleiten nun erst die Tiefe unter dem Meeresspiegel zu spüren, der undurchsichtig träg sich in den gläsernen Wassern [Weihern?] bewegte.

Je öfter ich auf diese Erinnerungen zurückkomme, desto weniger erscheint es mir zufällig, eine wie geringe Rolle in ihnen die Menschen spielen: Ich denke an einen Nachmittag in Paris, dem ich Einsichten in mein Leben verdanke, die blitzartig, mit der Gewalt einer Erleuchtung mich überfielen. Eben an diesem Nachmittag war es, daß meine biographischen Beziehungen zu Menschen, meine Freundschaften und Kameradschaften, meine Leidenschaften und Liebschaften in ihren lebendigsten, verborgensten Verflechtungen sich offenbarten. Ich sage mir: es mußte in Paris sein, wo die Mauern und Quais, der Asphalt, die Sammlungen und der Schutt, die Gatter und Squares, die Passagen und die Kioske uns eine so einzigartige Sprache lehren, daß unsere Beziehungen zu den Menschen in der uns umfangenden Einsamkeit, unserm Versunkensein in jene Dingwelt, die Tiefe eines Schlafs erreichen, in welcher das Traumbild sie erwartet, das ihnen ihr wahres Gesicht offenbart. Ich will von diesem Nachmittag sprechen, weil er so kenntlich machte von welcher Art das Regiment ist, das Städte über die Phantasie führen und warum die Stadt, in der die Menschen am rücksichtslosesten einander beanspruchen, die Verabredungen und Telefongespräche, die Sitzungen und Besuche, der Flirt und der Lebenskampf dem Einzelnen keinen beschaulichen Augenblick gönnen, in der Erinnerung ihre Revanche nimmt und der Schleier, welchen sie im Verborgnen aus unserm Leben gewirkt hat, weniger die Bilder der Menschen als die der Schauplätze zeigt, an denen wir andern oder uns selber begegneten. An dem Nachmittag nun, von welchem ich reden will, saß ich im Innenraum des Cafés des deux magots bei St Germain des Prés, wo ich – wen habe ich vergessen – erwartete. Da kam mit einem Male und mit zwingender Gewalt der Gedanke über mich, ein graphisches Schema meines Lebens zu zeichnen und ich wußte im gleichen Augenblick auch schon genau wie das zu tun sei. Es war eine ganz einfache Frage, mit der ich meine Vergangenheit durchforschte und die Antworten zeichneten sich wie von selber auf ein Blatt, das ich hervorzog. Ein oder zwei Jahre später als ich dieses Blatt verlor, war ich untröstlich. Nie wieder habe ich es so herstellen können, wie es damals vor mir entstand[,] einer Reihe von Stammbäumen ähnlich. Jetzt aber, da ich in Gedanken seinen Aufriß wiederherstellen möchte ohne ihn geradezu wiederzugeben, möchte ich lieber von einem Labyrinth sprechen. Was in der Kammer seiner rätselhaften Mitte haust, Ich oder Schicksal, soll mich hier nicht kümmern, umso mehr aber

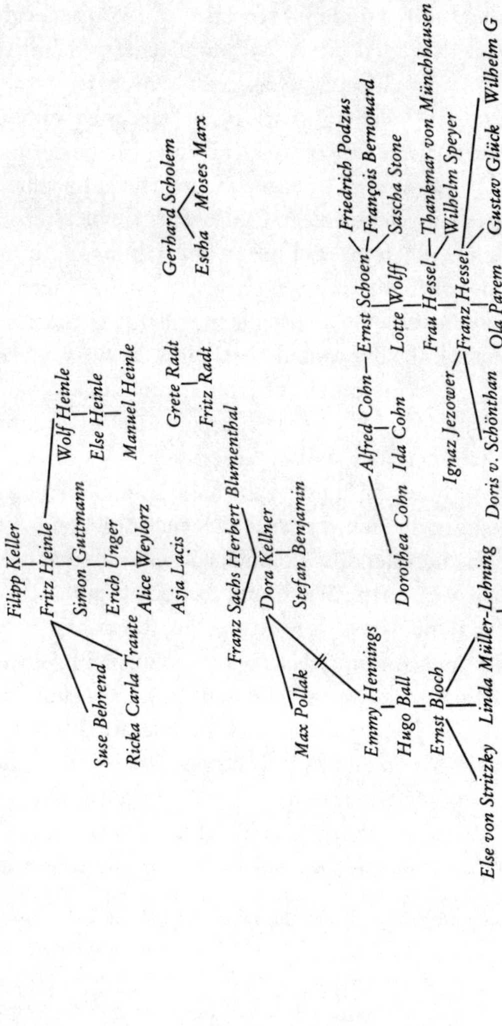
Filipp Keller
Fritz Heinle
Wolf Heinle
Suse Behrend
Simon Guttmann
Else Heinle
Ricka Carla Traute
Erich Unger
Manuel Heinle
Alice Weylorz
Asja Lacis
Grete Radt
Fritz Radt
Gerhard Scholem
Escha
Moses Marx
Franz Sachs
Herbert Blumenthal
Dora Kellner
Stefan Benjamin
Max Pollak
Emmy Hennings
Hugo Ball
Ernst Bloch
Else von Stritzky
Linda Müller-Lehning
Moholy-Nagy
Dorothea Cohn
Alfred Cohn
Ida Cohn
Ernst Schoen
Friedrich Podzus
François Bernouard
Sascha Stone
Lotte Wolff
Frau Hessel
Thankmar von Münchhausen
Ignaz Jezower
Franz Hessel
Wilhelm Speyer
Gustav Glück
Wilhelm G
Doris v. Schönthan
Ola Parem
Baron Schey

die vielen Eingänge, die ins Innere führen. Diese Eingänge nenne ich Urbekanntschaften; ihrer jeder ist graphisches Symbol meiner Bekanntschaft mit einem Menschen, den ich nicht durch andere Menschen sondern sei es durch Nachbarschaftsverhältnisse, Verwandtschaft, Schulkameradschaft, Verwechslung, Reisegenossenschaft – es gibt nicht allzu viele solcher Situationen – begegnet war. Soviel Urbekanntschaften, soviele verschiedene Eingänge ins Labyrinth. Da nun aber die meisten jener Urbekanntschaften – zumindest die, welche uns im Gedächtnis bleiben, ihrerseits neue Bekanntschaften erschließen, Beziehungen zu neuen Menschen eröffnen, so zweigen von diesen Gängen nach geraumer Zeit seitliche ab (rechts mag man die männlichen einzeichnen, links die weiblichen). Ob sich zuletzt Verbindungswege von einem dieser Systeme zum andern bahnen, auch das hängt von den Verflechtungen unseres Lebenslaufes ab. Wichtiger aber sind die überraschenden Einsichten, die aus dem Studium dieses Schema[s] in die Verschiedenheit der individuellen Lebensläufe sich ergeben. Welche Rolle spielt unter den Urbekanntschaften im Leben der verschiednen Menschen Beruf und Schule, Verwandtschaft und Reise? Und vor allem: gibt es im Einzeldasein etwas wie verborgene Bildungsgesetze jener vielen Einzelgänge? Welche setzen früh und welche spät im Leben ein? Welche setzen sich bis ans Ende unseres Daseins fort und welche sterben ab? »Wenn einer Charakter hat, sagt Nietzsche, so erfährt er immerfort dasselbe.[12]« Mag das im großen wahr sein oder nicht, so gibt [es] doch im kleinen vielleicht Wege, die immer wieder uns zu solchen führen, die eine und die

12 Bei Nietzsche heißt es in »Jenseits von Gut und Böse«: »Hat man Charakter, so hat man auch sein typisches Erlebnis, das immer wiederkommt.«

nämliche Funktion für uns besitzen: Gänge, die immer wieder uns in den verschiednen Lebensaltern zum Freunde, zum Verräter, zur Geliebten, zum Schüler oder zum Meister führen. Das war es, was der Aufriß meines Lebens, wie er an jenem pariser Nachmittag vor mir entstand, mir zeigte. So treten auf dem Hintergrund der Stadt die Menschen, die um mich gewesen waren, zur Figur zusammen. Es war um viele Jahre früher, ich glaube zu Beginn des Krieges, daß in Berlin sich auf dem Hintergrund der Menschen, welche mir damals am nächsten waren, die Welt der Dinge zu einem ähnlich tiefen Sinnbild sich zusammenzog. Zusammen aber zog sie sich in vier Ringe. Das führt mich in eines der alten berliner Häuser am Kupfergraben. Mit ihren schlichten vornehmen Fassaden und ihren breiten Treppenhäusern mögen sie aus de[n] Schinkelschen Jahren stammen. In einem von ihnen wohnte zu der Zeit, von der ich spreche, ein bedeutender Antiquitätenhändler. Eine Auslage hatte er nicht. Man mußte sich in seine Etagenwohnung begeben, um in einigen Vitrinen eine Auswahl vorgeschichtlicher Spangen und Fibeln, langobardischer Ohrgehänge, spätrömischer Halsketten, mittelalterlicher Münzen und vieler ähnlicher Kostbarkeiten zu bewundern. Wie mein Schulfreund A[lfred] C[ohn] ihn aufgespürt hatte, weiß ich nicht. Aber deutlich erinnere ich den Anteil, mit dem ich dort, unter dem Eindruck der kürzlich erst von mir studierten »Spätrömischen Kunstindustrie« von Alois Riegl die Brustschilder von plattiertem Golde und die granatgeschmückten Armbänder betrachtete. Wir waren, wenn ich nicht irre, zu dritt: mein Freund, seine damalige Verlobte oder Frau Dorothea J. und ich. C. ließ sich Ringe zeigen – griechische Gemmen, Kameen der Renaissance, Ringe der Kaiserzeit, meistens in Halbedelsteine geschnittene Arbeiten. Jeder der vier, die er schließlich erstand, hat sich mir unvergeßlich eingeprägt. Bis auf einen, den ich aus den Augen verloren habe, sind sie bis heute noch bei denen, welchen sie an diesem Vormittage zugedacht worden sind. Dieser eine, ein heller gelber Rauchtopas ist es gewesen, den damals Dorothea J. sich wählte. Die Arbeit in ihm war griechisch und stellte auf winzigem Raum die Leda dar, wie sie zwischen ihren geöffneten Schenkeln den Schwan empfängt. Er war sehr anmutig. Weniger Bewunderung konnte ich dem Amethyst entgegenbringen, den der Schenkende Ernst S[choen] unserm gemeinsamen Freunde bestimmte: ein Italiener des 15ten oder 16ten Jahrhunderts hatte ein Profil – [Emil] Lederer behauptete das des Pompejus – in ihn eingeschnitten. Ganz anders aber betrafen mich die beiden letzten Ringe. Der eine war mir zugedacht, doch nur als ganz interimistischem Besitzer; im Grunde war er bestimmt, durch mich als mein Geschenk an meine damalige Verlobte Grete R[adt] zu kommen. Es war der faszinierendste Ring, den ich je gesehen habe. In einen dunklen massigen Granat geschnitten, stellte er ein Medusenhaupt dar. Es war eine Arbeit der römischen Kaiserzeit. Die lichte Fassung war nicht mehr die alte. Trug man den Ring am Finger so schien er nur der vollkommenste von allen Siegelringen. In sein Geheimnis trat erst ein, wer ihn abzog und nun das Haupt gegen das Licht gehalten sich betrachtete. Da die verschiednen Schichten des Granats verschieden lichtdurchlässig waren, die dünnste aber so transparent, daß sie wie rosenfarben glühte, so glaubte man die düstern Schlangenleiber des Hauptes über eine Stirne wellen zu sehen, unter der zwei tiefe glühende Augen aus einem Antlitz sahen, das mit den purpurschwarzen Flächen der Wangen wieder in die Nacht zurücktrat. Später habe ich einigemale versucht, mit diesem

Stein zu siegeln; es zeigte sich aber, daß er zu Rissen neigte und der äußersten Schonung bedurfte. Kurze Zeit nachdem ich ihn verschenkt hatte, löste ich meine Beziehungen zu seiner neuen Besitzerin. Mein Herz ging schon damals mit dem letzten jener vier Ringe, welchen der Geber seiner Schwester[13] vorbehalten hatte. Und gewiß stellte dieses Mädchen die eigentliche Schicksalsmitte dieses Kreises dar, doch eh wir das erkennen konnten, vergingen Jahre. Denn ungeachtet ihrer Schönheit – die selbst nicht glänzend sondern unscheinbar und stumpf war – hatte sie nichts, was sie zum Mittelpunkte zu bestimmen schien. Und wirklich war sie nie der Mittelpunkt von Menschen sondern, im strengen Sinne, wirklich der von Geschicken, als habe ihre pflanzenhafte Passivität und Trägheit diesen, die ja am meisten von allen menschlichen Dingen pflanzlichen Gesetzen zu unterliegen scheinen, sie zugeordnet. Vieler Jahre bedurfte [es], ehe in seinem Zusammenhange an den Tag trat, was damals teils im Keim sich zu entfalten anfing, teils noch schlummerte: das Schicksal, kraft dessen sie, die zu dem Bruder im innigsten, die Grenzen der Geschwisterliebe bis zum Rande erfüllenden Verhältnis stand die Freundin der beiden nächsten Freunde ihres Bruders werden sollte – dessen, der den mit dem Pompejushaupt erhielt und meiner – um schließlich ihren Mann im Bruder der Frau zu finden, welche ihr eigner Bruder in zweiter Ehe heiratete[14] – und das war die, die damals, an dem Tag von dem ich spreche, von mir den Ring mit dem Medusenhaupt erhielt. Wenige Tage später wird es gewesen sein, daß ich dem Lapislazuli mit der von Laub umrankten Laute, die in ihn geritzt war – dem vierten Ringe

13 Jula Cohn

14 Jula Cohn heiratete Fritz Radt, dessen Schwester Grete Radt – die frühere Verlobte Benjamins – die zweite Frau Alfred Cohns wurde.

und seiner Trägerin – dieses Sonnett nachsandte: Deinem Finger, dem sie sich vertraute[15] [abgebrochen]

Der Schatzhauser im grünen Tannenwald oder die Fee, die einem einen Wunsch freigeben – sie erscheinen jedem mindestens einmal im Leben. Aber nur Sonntagskinder wissen sich der Wünsche zu entsinnen, die sie getan haben und darum erkennen nur die wenigsten im eignen Leben die Erfüllung wieder. Ich weiß so einen Wunsch, welcher mir in Erfüllung ging und will nicht sagen, daß er klüger gewesen ist als der der Märchenkinder. Er geht auf meine frühe Kinderzeit zurück und bildete sich in mir mit der Lampe, die an den dunklen Wintermorgen um halb sieben über meine Schwelle getragen wurde und den Schatten des Kindermädchens an die Decke warf. Im Ofen wurde das Feuer entzündet und bald zeichnete sich inmitten rötlicher Reflexe das Gatter der Kamintüre auf der nackten Diele ab. Wenn dann die Wärme – die nächtliche des Bettes und die morgendliche des Ofenfeuers – mich doppelt schläfrig machten, hieß es aufstehen. Dann hatte ich keinen andern Wunsch als mich ausschlafen zu können. Dieser Wunsch begleitete mich durch die ganze Schulzeit. Sein unzertrennlicher Begleiter aber war die Angst, zu spät zu kommen. Noch heute kann ich, wenn ich den Savignyplatz passiere, die Angst vergegenwärtigen mit welcher ich, von der Carmerstraße, in der ich wohnte, einbiegend, im Bannraum zwischen der zehn und zwölf des abstoßenden Zifferblattes mein Urteil ablas. Der Wunsch, der mich an solchen Wochentagen und noch später, wenn ich todmüde des Nachmittags mich vom Ca-

15 Benjamins Sonett scheint nicht erhalten zu sein.

napee erhob, weil »turnen« war beseelte, ist mir in Erfüllung gegangen. Aber nicht immer habe ich sie darin erkannt, wenn wieder einer meiner Versuche einen Arbeitsplatz, im bürgerlichen Sinn des Worts zu finden, gescheitert war.

Noch einen andren Klang gibt es, der, dank der Jahrzehnte, in denen er mir nicht mehr über die Lippen noch zu Ohren gekommen ist, das Unergründliche behalten hat, mit dem gewisse Worte aus der Sprache Erwachsner dem Kinde entgegentreten. Es ist noch nicht lange her, daß ich es wiederfand, wie denn einige unteilbare Funde, diesem gleichend, viel Anteil an meinem Entschlusse haben, diese Erinnerungen aufzuzeichnen. Da meine Eltern wohlhabend waren, so bezogen wir, unbeschadet gelegentlicher Sommerreisen, ehe ich in die Schule kam, vielleicht auch später, alljährlich Sommerwohnungen in der Umgebung. Erst war es Potsdam, später Neubabelsberg. Während die Babelsberger Zeiten nun mir in mancherlei Bildern gegenwärtig sind, von denen ich vielleicht noch erzählen werde – der Nacht des großen Einbruchs als sich meine Eltern in mein Zimmer schlossen, den Stunden, die [ich] angelnd neben meinem Vater am Ufer des Griebnitzsees stand, dem Besuch auf der Pfaueninsel, der mir die erste große Enttäuschung meines Lebens brachte, weil ich im Grase nicht die Pfauenfeder, die man mir doch versprochen hatte, fand – währenddessen sind mir die Sommermonate in Potsdam ganz entschwunden, es sei denn, daß ich das Spargelstechen – meine erste und einzige landwirtschaftliche Passion – schon in den Garten auf dem Brauhausberge verlegen darf. Und damit habe ich das Wort verraten, in das sich wie hunderte von Rosenblättern in einen Tropfen von rose malmaison hunderte von Sommertagen ihre Gestalt, ihre Farbe und ihre Vielzahl opfernd mit ihrem Dufte erhalten haben. Es heißt Brauhausberg. Dem was es in sich fa[ß]t sich nähern ist beinah unmöglich. Diese Worte, die auf der Grenze zweier Sprachbereiche, dem der Kinder und der Älteren stehen, sind denen der Gedichte Mallarmés vergleichbar, die der innere Widerstreit zwischen dem dichterischen Wort und dem profanen gleichsam ausgezehrt und zum verschwebenden Hauche hat werden lassen. So hat das Wort Brauhausberg alle Schwere verloren, enthält von einem Brauhaus überhaupt nichts mehr und ist allenfalls ein vom Blauen umwitterter Berg, der im Sommer sich aufbaut mich und meine Eltern zu behausen.

Die ökonomische Basis auf der die Wirtschaft meiner Eltern beruhte, war lange über meine Kindheit und Jugend hinaus von tiefstem Geheimnis um[geben]. Wahrscheinlich nicht für mich, den ältesten allein, sondern fast genau so für meine Mutter. Und sicher war, daß es sich so verhielt, in einer jüdischen Familie die Regel und in sehr vielen christlichen wohl auch. Seltsamer ist es eigentlich, daß auch der Konsum in etwas von dem Geheimnis umwoben war, das Einkommen und Vermögen so dicht verhüllte. Ich erinnere mich jedenfalls, daß die Erwähnung gewisser Lieferanten-Quellen wie sie genannt wurden – immer mit der Feierlichkeit geschah, die einer Einweihung ansteht. Allerdings, man muß unterscheiden. Die Lieferanten, die den täglichen Wirtschaftsbedarf bestritten, gehörten ebensowenig zu jenem geheimen Zirkel, wie die altangesehenen berliner Firmen, bei denen meine Mutter die Runde machte, wenn sie mit mir und den Geschwistern »in die Stadt« ging. Es stand ebenso fest, daß bei solchen Gelegenheiten unsere Kinderanzüge bei Arnold Müller, Schuhe bei Stiller und Koffer bei Mädler gekauft wie daß am Ende aller dieser Veranstaltungen die Schokolade mit Schlagsahne bei Hillbrich bestellt wurde. Diese Einkaufsstätten waren aufs strengste von der Tradition vorgezeichnet. Ganz anders die Verbindungen mit Lieferanten, die auf meinen Vater zurückgingen. Mein Vater hatte neben manchen Hemmungen, die nicht nur seinem Anstand sondern auch einer gewissen staatsbürgerlichen Bravheit entsprangen, doch im Grunde die unternehmende Natur des großen Kaufmanns. Ungünstige Einflüsse verschuldeten, daß er sich viel zu früh von einem Unternehmen zurückzog, das seinen Fähigkeiten wahrscheinlich garnicht schlecht entsprochen hat: dem Kunstauktionshaus von Lepke, das damals noch in der Kochstraße lag und an dem er Teilhaber war. Als er dann seinen Anteil an der Firma aufgegeben hatte, war er mehr und mehr zu spekulativen Anlagen seiner Gelder gekommen und es würde mich nicht wundern, daß der Anteil, den er an hauswirtschaftlichen Geschäften nahm, von dieser Zeit an ein lebhafterer geworden wäre. Soviel ist sicher, daß ein guter Teil der Lieferanten, die er seither ausfindig machte, mit seinen Kapitalanlagen indirekt zusammenhingen. Wenn also bei den Einkäufen meiner Mutter sich ein traditionelles und gleichsam offizielles Bild der berliner Geschäftswelt entwickelte, so kam bei den Andeutungen und Anweisungen die mein Vater gab ein unbekanntes, wenn nicht abenteuerliches zustande, dessen Prestige bei mir sowohl durch den autoritären Klang, den diese Namen am Familientische hatten wie durch die Tatsache sich bildete, daß diese Firmen, zum Unterschiede von den andern niemals in mein Blickfeld traten. An ihrer Spitze stand, wenn man so will, das Lepkesche Auktionshaus selber, an dem mein Vater nicht nur beteiligt war sondern aus dem er hin und wieder auch einen Ankauf nach Hause brachte. Daß er dabei im ganzen mit viel Glück verfuhr, glaube ich nicht, ausgenommen vielleicht seine Teppichkäufe. Noch kurz vor seinem Tode hat er mir erzählt, daß er in jenen Zeiten die Qualitäten der Gewebe mit dem Ballen des Fußes auseinanderhalten konnte, wenn er nicht allzu dicke Sohlen trug. In der Kindheit aber machte mir den größten Eindruck die Vorstellung der Hammerschläge, mit welchen mein Vater die Versteigerung begleitete. Später als er von Lepke sich zurückgezogen hatte, lag dieser Hammer immer auf seinem Schreibtisch. Wenn ich das Geräusch seiner Schläge niemals zu hören bekam, so ist es dafür ein anderes Geräusch gewesen, das sich in meiner Kindheit mit dem Bilde der Macht und Größe meines Vaters – oder vielmehr: eines Mannes, der seinen Beruf hat – unauflöslich verbunden hat. Es war, so unglaubhaft es klingt, der Laut, welchen das Messer mit [dem] meine Mutter die Brötchen bestrichen hatte, die mein Vater am morgen mit in sein Geschäft nahm, von sich gab, wenn es ein letztes Mal, um von den Butterresten es zu säubern, die noch an ihm haften mochten, gegen die knusperigen Schnittflächen der Brötchen abgestrichen wurde. Dieser Klang ging dem Tagewerk meines Vaters voran, für mich nicht weniger erregend als, in spätern Jahren, das Klingelzeichen, welches im Theater den Beginn der Vorstellung ankündigt. Im übrigen war das eigentliche Wahrzeichen des väterlichen Berufes in unserer Wohnung ein Mohr, der, beinah lebensgroß, auf einer um ein dreißigstel verkleinerten Gondel stand und mit der einen Hand ein Ruder hielt, das man herausziehen konnte, auf der andern eine goldene Schale erhob. Das Kunstwerk war aus Holz, der Mohr schwarz, Gondel und Ruder leuchteten unter dem Firnis in vielen Farben. Das Ganze aber war so durchaus auf sein Pendant angewiesen, daß ich heute nicht mehr zu sagen weiß, ob ein zweiter Mohr, den ich mir dazu denke, anfänglich wirklich bei uns aufgestellt war oder eine Erfindung meiner Phantasie ist. Soviel von Lepkes Kunstauktionshaus. Im übrigen gab es für Kunstwerke – zumindest sofern es sich um Bronzen handelte – noch einen Lieferanten; das war die Firma Gladenbeck. Ob auch da engere Geschäftsbeziehungen der Wahl zugrunde lagen, weiß ich nicht. Bestimmt aber war das der Fall bei der Beschaffung von Mundwasser, das in riesigen Flaschen voll Wasserstoffsuperoxyd im »Medizinischen Warenhause« erstanden wurde, dessen Aufsichtsratsmitglied mein Vater war. Etwas undurchsichtiger lagen die Dinge wieder bei der Firma Stabernack, die durch Jahre hindurch das unbestrittene Monopol für alle Installationen in der Wohnung besaß. Hier war vielleicht die Aktiengesellschaft für Bauausführungen das Mittelglied, dessen Vorstandsmitglied, Herr Altgelt in unzähligen Telefongesprächen meines Vaters den Partner abgab und dessen Name mir im Gedächtnis geblieben ist, weil sein Sohn, als einer der unrühmlichsten ihrer Belegschaft, in meiner Klasse saß. Es war, von Tischgesprächen abgesehen, einzig das Telefon, das von jener verborgnen Geschäfts- und Lieferantenwelt uns Kunde gab. Mein Vater telefonierte viel. Er, der nach außen hin fast immer ein verbindliches, lenkbares Wesen scheint gehabt zu haben, hat vielleicht nur am Telefon die Haltung und die Bestimmtheit besessen, die seinem, zeitweise großen, Reichtum mag entsprochen haben. Im Gespräch mit den vermittelnden Instanzen wurde diese Energie nicht selten lärmend und für den »Ernst des Lebens« welcher durch die berufliche Tätigkeit meines Vaters versinnlicht wurde, waren die Streitigkeiten mit dem Telefonfräulein eigentlich das Emblem. In meiner Kindheit ist das Telefon aufgekommen. Ich habe es also noch in irgend einen Winkel des Korridors angenagelt gekannt, wo es durch sein schrilles Geläut aus der Finsternis die Schrecken der berliner Wohnung mit dem endlosen Gang, der aus dem dämmerigen Eßzimmer in die hinteren Schlafräume führte, steigerte. Zu einer wahren Höllenmaschine wurde es, wenn die Schulkameraden in der verbotenen Zeit, zwischen zwei und vier Uhr, anriefen. Aber nicht alle die geheimnisvollen Transaktionen meines Vaters gingen durchs Telefon. Von jeher hatte er – wie viele Männer, die in ihrer Ehe nicht immer einen leichten Stand haben – die Neigung, gewisser Zweige der Wirtschaft sich selbständig anzunehmen. So hatte er Beziehungen in der Provinz, vor allem in der Nähe Hamburgs angeknüpft, wohin er häufige Geschäftsreisen unternahm. Regelmäßig wurde aus dieser Gegend der Haushalt mit Holsteinischer Landbutter und zum Herbste mit Krickenten versorgt. Für den Wein dagegen trat wieder eine berliner Firma ein, von der dazu noch Anteilscheine im Besitze meines Vaters waren: das war die Zentrale für Weinvertrieb, die es mit neuen Kalkulationsmethoden im Weinhandel versuchte. Endlich verflochten sich mit diesen Namen in den Beratungen der Eltern andere, in denen die Traditionen des damaligen bürgerlichen Berlin von beiden Seiten zusammenflossen: Für notarielle Beurkundungen zog man Oberneck zu Rate, Operationen ließ man von Rinne ausführen, Tanzunterricht bei Quaritsch erteilen, als Hausarzt zog man Renvers zu Rate, zumindest solange man mit ihm im gleichen Hause wohnte[16], Joseph

16 Professor R. Renvers wohnte in der Nettelbeckstraße 24.

Goldschmidt war der Bankier. Was aber mich betrifft, so wirkte am nachhaltigsten der tollkühne Versuch, welchen mein Vater eines abends unternahm, um auch die Zerstreuungen der Familie in jene Harmonie zu seinen kommerziellen Unternehmungen zu bringen, die er für ihre sonstigen Bedürfnisse herzustellen gewußt hatte. Als nämlich um 1910 im Westen, in der Lutherstraße, ein Konsortium das Haus, in welchem jetzt die Scala ist, als »Eispalast« erstellte, gehörte ihm, mit einem größeren Betrage, auch mein Vater an. Eines abends nun, ich weiß nicht ob es das Eröffnungsdatum war oder ein späteres, kam meinem Vater der Gedanke, mich dorthin mitzunehmen. Der Eispalast war aber nicht allein die erste künstliche Eisbahn, die es in Berlin zu sehn gab, sondern auch ein recht betriebsames Nachtlokal. Und so fesselten mich die Darbietungen in der Arena weit weniger als die Erscheinungen an der Bar, die ich von irgendeiner Rangloge aus in Ruhe verfolgen konnte. Unter ihnen aber befand sich jene Hure in einem weißen sehr eng anliegenden Matrosenanzug, die ohne daß ich ein Wort mit ihr hätte wechseln können, meine erotischen Phantasien auf viele Jahre bestimmte.

In jenen frühen Jahren lernte ich »die Stadt« nur als den Schauplatz der »Besorgungen« kennen, bei denen zum ersten Mal sich erwies, wie uns das väterliche Geld eine Gasse zwischen den Ladentischen und den Verkäufern und den Spiegeln und den Blicken der Mutter bahnte, deren Muff auf dem Tisch lag. In der Schmach eines »neuen Anzugs« standen wir da, aus den Ärmeln sahen die Hände heraus wie schmutzige Preistafeln und in der Konditorei erst wurde uns besser und wir fühlten dem Götzendienst uns entronnen, der unsere Mutter vor den Idolen erniedrigte, deren Namen Mannheimer waren, Herzog und Israel, Gerson, Adam, Esders und Mädler, Emma Bette, Bud und Lachmann. Eine Reihe unerforschlicher Massive nein Höhlen von Waren – das war »die Stadt«.

Es gibt Menschen, die glauben den Schlüssel ihrer Lebensschicksale in der Heredität, andere im Horoskop, wieder andere in ihrer Erziehung zu finden. Ich selber glaube, daß ich manche Aufklärung über mein späteres Leben in meiner Ansichtspostkartensammlung fände, wenn ich sie heute noch einmal durchblättern könnte. Die große Stifterin dieser Sammlung war meine Großmutter mütterlicherseits[17], eine entschieden unternehmende Frau, von der ich zweierlei glaube geerbt zu haben: meine Lust am Schenken und meine Reiselust. Wenn es zweifelhaft ist, was für die erste dieser Leidenschaften die Weihnachtsferien – die nicht aus dem Berlin der Kinderjahre weg zu denken sind – bedeutet haben, so hat gewiß kein Abenteuerbuch der Knabenjahre so sehr auf meine Reiselust gewirkt, wie die Ansichtskarten, mit denen sie mich zahlreich auf ihren weiten Reisen bedachte. Und weil die Sehnsucht, welche wir an einem Orte fühlen, ihn so gut wie sein äußeres Bild bestimmt, soll von diesen Karten etwas die Rede sein. Zwar – war das was sie damals in mir weckten Sehnsucht? Zogen sie mich nicht viel zu magnetisch an, um noch dem Wunsch, an jenen Ort zu reisen, den sie zeigten, Spielraum zu gestatten? Ich war ja dort – in Tabarz, Brindisi, Madonna di Campiglio, Wester-

17 Hedwig Schoenflies, geb. Hirschfeld, 1844-1908.

land, wenn ich die waldigen von glühend roten Beeren besetzten Abhänge von Tabarz, die gelb-weiß hingewischten Quais von Brindisi, die bläulich in Blau gedruckten Kuppen von Madonna di Campiglio und den Bug der »Westerland« der schneidend aus den Wellen sich erhob immer wieder betrachtete, ohne mich von ihnen trennen zu können. Wenn man die alte Dame auf ihrem teppichbelegten mit einer kleinen Ballustrade ausgezierten Erker besuchte, welcher auf den Blumeshof herausging, konnte man sich schwerlich vorstellen wie sie große Schiffsreisen oder gar Spazierritte auf Kamelen unter der Leitung von Stangels Reisebüro[18] unternommen hatte, dem sie sich alle paar Jahre anvertraute. Sie war Witwe: drei ihrer Töchter waren als ich klein war, bereits verheiratet. Von der vierten wüßte ich nichts zu sagen, wohl aber von dem Zimmer, das sie bei ihrer Mutter bewohnte. Aber vielleicht muß ich vorher ein Wort von dieser Wohnung im ganzen sagen. Mit welchen Worten das fast unvordenkliche Gefühl von bürgerlicher Sicherheit umschreiben, das von diesen Räumen ausging? So paradox es klingt, mir will es scheinen als schließe der Begriff jener besondern Geborgenheit, mit der sie mich umfingen, am ehesten an ihre Mängel an. Das Inventar, das diese vielen Zimmer – zwölf bis vierzehn – füllte, würde sicher heute ohne eine Kontrastwirkung zu erregen sich dem schäbigsten Trödelladen einfügen. Und wenn auch jene ephemeren Formen soviel solider waren als der Jugendstil, der sie ablöste – das Vertraute, Beruhigende, Anheimelnde und Tröstliche an ihnen war doch die Trägheit, mit der sie sich dem Schlendergang der Jahre und der Tage anvertrauten und sich, was ihre Zukunft anbetraf allein der Haltbarkeit

18 In der »Berliner Kindheit um neunzehnhundert« steht der Name des Reisebüros in der korrekten Form »Stangen«.

des Materials und nirgends der Vernunftberechnung anheimgaben. Hier herrschte eine Art von Dingen, welche, bei aller Gefügigkeit, mit denen sie den Impulsen der Moden sich im Kleinen unterwarf, im Ganzen so von sich und ihrer Dauer überzeugt war, daß sie mit keiner Abnutzung, keinem Erbgang, keinem Umzug rechnete und immer gleich nahe und gleich weit von ihrem Ende, das das Ende aller Dinge schien, verharrte. Das Elend konnte in diesen Räumen keine Stelle haben, in welchen ja nicht einmal der Tod sie hatte. Sie hatten keinen Raum zum Sterben – darum starben ihre Besitzer im Sanatorium, die Möbel aber kamen gleich im ersten Erbgang an den Trödler. In ihnen war der Tod nicht vorgesehn – darum waren sie am Tage so gemütlich und des nachts der Schauplatz unserer bedrückendsten Träume. Daher kommts, daß ich dieses Haus – Blumeshof 10 oder 12 ist es gewesen –, in dem so viele der schönsten Kinderstunden mir vergingen, wenn ich beim Klange von Klavieretüden »Herzblättchens Zeitvertreib« in einem Sessel durchblättern durfte – daß an seiner Schwelle mir ein Alp entgegentritt. Mein waches Dasein hat von seinem Treppenaufgang kein Bild bewahrt. Dagegen steht er mir noch heut als Schauplatz von einem Banntraum in Erinnerung, den ich einmal nachts in eben jenen guten Jahren hatte. In diesem Traume erschien das Stiegenhaus als Kraftfeld eines Gespensts, das mich im Aufgang erwartete nicht ohne meinen Weg mir freizugeben und sich erst dann mir bemerkbar zu machen, als nur die letzten Stufen noch vor mir lagen. Auf diesen Stufen bannte es mich fest. – Die Zimmer in dieser Wohnung am Blumeshof waren nicht nur zahlreich sondern zum Teil sehr groß. Um meine Großmutter auf ihrem Erker zu erreichen, mußte ich das riesige Eßzimmer durchschneiden und im Wohnzimmer bis an dessen Ende vordringen. Immerhin gaben erst die Festtage und allen voran der erste Weihnachtsfeiertag einen Begriff von der Fassungskraft dieser Räume. Wenn es an diesem Tage aber schien, als sei er in den Vorderzimmern das ganze Jahr über erwartet worden, so gab es andere Gelegenheiten, die wieder andere Teile der Wohnung ins Leben riefen: der Besuch einer verheirateten Tochter eröffnete ein längst außer Gebrauch gekommenes Spindenzimmer; ein anderes Hinterzimmer tat sich für uns Kinder auf, wenn vorne die Erwachsnen ihre Mittagsruhe halten wollten, und wieder einen andern Teil der Wohnung belebte der Klavierunterricht, den die letzte im Haus verbliebne Tochter erhielt. Der wichtigste von diesen abgelegnen, seltener benützten Räumen aber war die Loggia. Und sie war das, sei es, weil sie am wenigsten installiert war, am wenigsten dem Aufenthalt der Erwachsenen entgegenkam, sei es, weil in sie, gedämpft, der Straßenlärm hereindrang[,] sei es endlich, weil hier die Hinterhöfe mit Kindern, Dienstboten, Leierkastenmännern, Portiers sich eröffneten. Von denen aber waren es wiederum öfter die Stimmen als die Gestalten, deren man von der Loggia aus habhaft wurde. Im übrigen sind die Höfe eines so vornehmen Wohnviertels eigentlich belebt nie gewesen; etwas von der Gelassenheit der reichen Leute, für die die Arbeit in ihnen verrichtet wurde, hatte auf diese Verrichtungen selber übergegriffen und alles schien auf den Dornröschenschlaf zu warten, der sich hier an den Sonntagen niederließ. Darum war der Sonntag der eigentliche Tag der Loggia – der Sonntag, den die anderen Räume niemals ganz fassen konnten weil sie wie schadhaft waren. Der Sonntag sickerte durch sie durch, nur die Loggia, die auf den Hof mit den Teppichstangen und die andern Loggien mit ihren kahlen Wänden von pompejanischem Rot hinaus ging, nur die faßte ihn und kein Ton von der Glockenfracht, mit der die Kirchen – die Zwölf-Apostel- und die Matthäi- und die Kaiser Wilhelm Gedächtniskirche – sie uns nachmittags langsam beluden, glitt ihr über die Balustrade, sondern bis Abend blieb sie dort aufgestapelt. Wie ich es schon angedeutet habe, ist meine Großmutter nicht am Blumeshof gestorben, und ebensowenig die andere, die in der gleichen Straße ihr gegenüberwohnte und älter und strenger, die Mutter meines Vaters[19], gewesen ist. Daher ist der Blumeshof mir zu einem Elysium[,] einem unbestimmten Schattenreich abgestorbner aber unsterblicher Großmütter geworden. Und wie die Phantasie, wenn sie einmal ihren Schleier über eine Gegend hat werfen können, gern seine Ränder von unfaßlichen Launen sich kräuseln läßt, so hat sie ein altrenommiertes Kolonialwarengeschäft, das in der Nähe dieses Hauses, aber schon in der Magdeburgerstraße liegt, im Laufe der Jahrzehnte und bis heute dem Vorüberfahrenden, der es niemals betreten hat, zu einem Denkmal seines frühverstorbnen Großvaters[20] werden lassen, nur weil sein Besitzer, wie jener, mit dem Vornamen Georg hieß.

Aber ist nicht auch das die Stadt: der abendliche Lichtstreif unter der Schlafzimmertür wenn drinnen »Gesellschaft« war? Drang nicht Berlin selber so in die Kindernacht voller Erwartung wie später in die Nacht eines Publikums die Welt Wilhelm Tells oder Julius Cäsars. Ich glaube, das Traumschiff, das einen damals abholte ist oft über den Lärm der Gesprächswogen oder die Gischt des Tellergeklappers vor

19 Brunella Benjamin, geb. Mayer, 1827-1919.
20 Georg Schoenflies, 1841-1894.

unsere Betten geschwankt und am frühen Morgen hat es uns abgesetzt in der Ebbe des Teppichklopfens, das an den Regentagen mit der feuchten Luft in das Fenster drang und unvergeßlicher dem Kinde sich eingrub als die Stimme der Geliebten dem Manne, das Teppichklopfen, das die Sprache der unteren Welt war, der Dienstmädchen, der wirklich Erwachsnen, eine Sprache, die sich manchmal viel Zeit ließ, träge und abgedämpft unterm grauen Himmel sich zu allem bereit fand, manchmal wieder in einen unerklärlichen Galopp fiel, als seien hinter den Dienstboten Geister, die sie verfolgten. Höfe waren es auch in denen die Stadt sich auftat, um das Kind zu entlassen oder es wieder aufzunehmen. Bahnhöfe – ihre Öffnungen bei der Abfahrt waren ein Panorama, Rahmen einer fata morgana. Keine Ferne war ferner als wo die Gleise im Nebel einander erreichten. Bei der Heimkunft aber war alles anders. Denn noch brannten in uns die düsteren Lampen, die vereinzelt in den Höfen geschienen hatten aus Fenstern, denen oft die Vorhänge fehlten, in schmutzstarrenden Treppenhäusern, aus Kellerfenstern, in dene[n] Lappen hingen. Das waren die Höfe, die die Stadt mich sehen ließ wenn ich aus Hahnenklee oder Sylt zurückkam und die sie dann wieder in sich verschloß und die sie nie zu sehen gab, nie zu betreten. Aber diese letzten fünf Angstminuten der Einfahrt eh alles aussteigt, haben sich in Blicke aus meinen Augen verwandelt und es gibt vielleicht Menschen, die in sie sehen wie in Hoffenster, die in schadhaften Mauern stecken und in denen am frühen Abend die Lampe steht.

Unter den Ansichtspostkarten meines Albums gab es einige wenige, deren Schriftseite mir besser im Gedächtnis geblieben ist als ihre Ansichtsseite. Sie waren alle mit der schönen leserlichen Unterschrift versehen: Helene Pufahl. Das war meine erste Lehrerin. Lange bevor ich eine Schulklasse kennen lernte, trat ich durch sie in nähere Beziehung zu Kindern meiner »Klasse« in dem Sinn des Wortes, den ich erst zwei Jahrzehnte später kennen lernen sollte. Und daß es eine recht gehobne war, kann ich an den beiden Mädchennamen ablesen, die aus denen des kleinen Zirkels im Gedächtnis geblieben sind: Ilse Ullstein und Luise von Landau. Was diese Landaus für ein Adel waren weiß ich nicht. Der Name aber übte eine gewaltige Anziehungskraft auf mich aus und auf meine Eltern – manches gibt mir das Recht, das anzunehmen – wohl keine kleinere. Aber doch ist kaum das [der] Grund, aus dem ihr Name mir bis heute lebendig blieb, vielmehr der Umstand, daß er der erste war, auf den ich mit Bewußtsein den Akzent des Todes fallen hörte. Das war, soviel ich weiß, nicht allzu lange, nachdem ich dem kleinen Privatzirkel entwachsen war. Wenn ich später am Lützowufer vorüberkam suchte ich jedesmal mit den Blicken ihr Haus und als ich gegen Ende meiner Schulzeit unter dem Titel »Gedanken über den Adel« meinen ersten philosophischen Essay schrieb, da stand neben Pindar, von dem ich ausging, unausgesprochen der verführerische Name meiner ersten Mitschülerin. Fräulein Pufahl wurde abgelöst von Herrn Knoche, vor dem ich ganz allein meinen Mann zu stehen hatte. Er war Vorschullehrer der Schule, in welche meine Eltern mich später zu schicken gedachten. Sein Unterricht hat mir wohl nicht unbedingt zugesagt. Jedenfalls brachte ich gegen sein Erscheinen hin und wieder Zauberriten in Anwendung und noch entsinne ich mich des

Gefühls von Allmacht, das mich eines Tages auf der Herkulesbrücke bei der Nachricht überkam, Herr Knoche habe für den folgenden Tag abgesagt. Damals wußte ich, welchem Umstand das zuzuschreiben war, heute habe ich die Zauberformel leider vergessen. Mehr als mit seinem privaten Auftreten beeindruckte mich Herr Knoche in den Klassenstunden, die ich später, nach meiner Einschulung, bei ihm hatte. Sie waren durch viele Prügelintermezzi belebt, Herr Knoche wußte den Gebrauch des Rohrstocks zu schätzen. Ihm war auch der Gesangunterricht anvertraut. Und während einer dieser Gesangstunden war es, daß er vor mir eines jener Tore zeigte, das wir alle aus unserer Kindheit [kennen] und vor dessen verschloßnen Flügeln man uns versichert, daß sie den Weg ins spätere, in das wirkliche Leben freigeben. Es wurde das Reiterlied aus Wallensteins Lager geübt. »Frisch auf Kameraden, aufs Pferd aufs Pferd, in das Feld, in die Freiheit gezogen. Im Felde da ist der Mann noch was wert, da wird das Herz noch gewogen.« Herr Knoche wollte von der Klasse wissen, was diese letzten Worte eigentlich bedeuteten. Natürlich konnte keiner ihm Antwort geben. Es war aber eine von jenen kunstvollen Fragen, die Kinder begriffsstutzig machen. Herrn Knoche aber schien diese Hilflosigkeit gerade recht und er sagte mit Nachdruck: [»]Das werdet Ihr mal verstehn, wenn Ihr groß seid.« Nun bin ich groß geworden; heute stehe ich auf der Innenseite des Tores, das Herr Knoche uns damals zeigte; seine Flügel aber sind noch immer verschlossen. Ich habe den Einzug durch dies Tor nicht gehalten.

Wie Lichter in der Nebelnacht mit riesenhaften Kreisen sich umgeben so tauchen aus dem Nebel meiner Kindheit mit großen Höfen die frühesten Theatereindrücke. Ganz am Anfang steht ein »Affentheater«, das vielleicht unter den Linden gespielt hat und in dem ich, soviel mir vorschwebt, mit großer Eskorte erschienen bin, weil weder Eltern noch Großmutter sich die Wirkung der ersten Theatervorstellung auf mich wollten entgehen lassen. Den Lichtkern freilich, den eigentlichen Vorgang auf der Bühne, kann ich in soviel Nebelglanz nicht mehr erkennen. Ein rosa-graues Gewölk von Sesseln, Lichtern und Gesichtern hat die Possen armer Äffchen auf der Bühne unter sich begraben. Nun kann ich zwar noch die Abfolge der theatralischen Ereignisse der folgenden sechs oder sieben Jahre wiedergeben: aber nichts mehr von ihnen sagen: weder dem Veilchenfresser, den ich im Kurtheater von Suderode zu sehen bekam, noch dem Wilhelm Tell, der, wie üblich, die berliner Bühne mir einweihte, noch dem Fiesko, den ich im Schauspielhaus mit Matkowsky oder der Carmen, die ich in der Oper mit der Destinn zu sehen bekam. Die beiden letzten Veranstaltungen hatte meine Großmutter unter ihr Protektorat genommen; daher nicht nur das glänzende Programm, sondern auch die ansehnlichen Rangplätze. Und doch ist mir anziehender als an sie an die Wilhelm-Tell-Vorstellung zurückzudenken und zwar des Vorgangs wegen, welcher ihr voranging und dessen höchst hermetische Natur noch unverblaßt ist, indessen von der Vorstellung des gleichen Abends nichts mehr in meiner Erinnerung befindlich ist. Es muß am Nachmittag gewesen sein, daß zwischen mir und meiner Mutter eine Meinungsverschiedenheit entstand. Es sollte irgend etwas vorgenommen werden, das mir zuwider war. Zuletzt nahm meine Mutter zum Zwange Zuflucht. Sie drohte, wenn ich ihr nicht den Willen täte, abends mich zuhause bleiben zu lassen. Ich folgte. Das Gefühl jedoch mit dem ich's tat – vielmehr mit dem ich, kaum daß die Drohung ausgesprochen war, die Schätzung der beiderseitigen Kräfte unternahm und augenblicklich sah, wie ungeheuer die Überlegenheit der Gegenseite war, infolgedessen meine schweigende Empörung über ein so brutales und so plumpes Vorgehen, bei dem der Einsatz in keinerlei Verhältnis zu den Zwecken stand – denn dieser Zweck war ja ein momentaner, der Einsatz aber, wie ich heute weiß und damals ahnte – die dauernde und tiefe Dankbarkeit für jenen Abend, den meine Mutter, mir zu schenken, im Begriff war – dies Gefühl des mißbrauchten und geschändeten Vertrauen[s] hat in mir alle folgenden des Tages überdauert. Viele Jahre später erwies sich zum zweitenmal, wieviel bedeutungsvoller und nachhaltiger die Freude auf ein Ereignis sich erweisen kann als alles was ihr folgt. Es war als Knabe meine große Sehnsucht, Kainz zu sehen. Seine berliner Gastspiele fielen aber in die Schulzeit. [Da] nun der Vorverkauf an den Vormittagen die einzige Möglichkeit bot, Plätze zu erstehen, wie ich von meinem Taschengelde sie hätte bestreiten können, so mußte ich mir diesen Wunsch jahrelang versagen. Meine Eltern begünstigten seine Erfüllung jedenfalls nicht. Eines Tages – sei es, daß der erste Vorverkaufstag ein Sonntag war, sei es infolge eines andern Umstands – konnte ich mich doch als einer der ersten an der Billettkasse – es war schon die des Theaters am Nollendorfplatze – einfinden. Ich sehe mich dort an der Kasse stehen und – als wolle die Erinnerung dem kommenden Hauptmotiv präludieren – mich dort zwar warten, nicht aber mich meine Eintrittskarte kaufen. Hier setzt vielmehr die Erinnerung aus um erst da wieder ihren Faden aufzunehmen, wo ich am Abend vor Beginn der Aufführung von »Richard II« die Treppe zum Rang heraufsteige. Was ist es, das nun der Erinnerung von neuem vor der Schwelle des Zuschauerraums ein »Hierher und nicht weiter« auferlegt? Zwar sehe ich noch eine Szene des Dramas vor mir, doch ganz losgelöst und ohne zu wissen, stammt sie eigentlich aus dieser Aufführung oder aus einer andern, und ebenso wenig weiß ich, ob ich Kainz gesehn habe oder nicht. Ob er abgesagt hat oder ob die Enttäuschung, ihn weniger groß zu finden als ich glaubte, mit dem Bilde von seinem Spiele mir den ganzen Abend unterschlagen hat. So treffe ich auf Ungewißheit überall, wo ich den frühesten Erinnerungen an das Schauspiel nachgehe und am Ende kann ich selbst Traum und Wirklichkeit nicht mehr scheiden. Das gilt von einem dunklen Winterabend, an dem ich mich mit meiner Mutter zu einer Aufführung der »lustigen Weiber von Windsor« begab. Ich habe diese Oper wirklich gesehen und zwar in einer Art von Volkstheater. Es war ein lauter, lustiger Abend, desto stiller aber war der Weg dahin, durch ein verschneites, unbekanntes Berlin, das sich im Gaslicht um mich ausbreitete. Es verhielt sich zum mir bekannten wie jenes innigst behütete Stück meiner Postkartensammlung: die Darstellung des Halleschen Tors in hellem B[l]au auf dunkler blaue[m] Grunde: der Belleallianceplatz war darauf mit den Häusern zu sehen, welche ihn einrahmen; der volle Mond stand am Himmel. Der Mond aber und die Fenster in den Fassaden waren von der obersten Kartenschicht befreit; sie stachen weiß aus dem Bild heraus und man mußte es gegen die Lampe oder die Kerze halten, um beim Scheine der in genau gleichem Licht paradierenden Fenster- und Mondflächen alles sich beruhigen zu sehen. Vielleicht war an jenem Abend die Oper, auf die wir uns hinbewegten, jene Lichtquelle vor welcher die

Stadt mit einem Mal so sehr verändert strahlte, vielleicht aber ist es auch nur ein Traum, den ich später von diesem Wege gehabt habe und von dem die Erinnerung sich an die Stelle derer gesetzt hat, die vordem Platzhalterin der Wirklichkeit war.

Dem Baumeister, der die Kaiser-Friedrich-Schule gebaut hat, muß etwas wie märkische Backsteingotik vorgeschwebt haben. Jedenfalls ist sie aus roten Ziegeln errichtet und bevorzugt Motive, wie man sie aus Stendal oder Tangermünde kennt. Aber alles ist engbrüstig, hochschulterig ausgefallen. Der ganze Bau, der da hart am Stadtbahngelände aufsteigt ist von altjungferlicher, trauriger Sprödigkeit. Mehr noch [als] den Erlebnissen, die ich in seinem Innern hatte, ist es wahrscheinlich diesem seinen Äußern zuzuschreiben, daß ich keine einzige heitere Erinnerung an ihn bewahre. Auch habe ich, seitdem ich ihn verließ, nicht ein einziges Mal den Gedanken gehabt, ihn wieder zu betreten. Von den Schulwegen habe ich schon gesprochen. Aber wenn das Portal zur rechten Zeit erreicht war oder gar nicht Muße genug blieb – und der Alp vor dem Kommenden nicht zu sehr lastete – um in der anstoßenden Papierhandlung noch einen Knetgummi, einen Transporteur oder, ganz am Anfang, Oblaten und Bändchen zu kaufen, mit denen die Löschblätter a[m] Heftdeckel befestigt wurden – wenn dann am Ende das Gitter, das der Pedell erst zehn Minuten vor Beginn der Schule öffnen durfte – wie trist und wie bedrückt muß dies Warten vor dem Tor und unterm Stadtbahnbogen gewesen sein, der an dieser Stelle die Knesebeckstraße überquert, wenn nichts mehr mir davon gegenwärtig ist als der Zwang, ununterbrochen die Mütze abzunehmen, auf sich acht zu geben, wenn wieder einer von den Lehrern vorbeikam, denen der Eintritt selbstverständlich zu beliebiger Zeit erlaubt war. Heut erst vermag ich, wie mir scheint, davon mir Rechenschaft zu geben, was in dem Zwang, die Mütze vor den Lehrern abzunehmen, Verhaßtes und Entwürdigendes lag. Die Zumutung, durch diese Geste in den Bannkreis meiner privaten Existenz sie einzulassen, schien mir ungebührlich. Ich hätte gegen eine weniger intime, gewissermaßen militärische Ehrenbezeugung nichts einzuwenden gehabt. Doch einen Lehrer so zu grüßen wie Verwandte oder einen Freund kam mir so ungeheuer ungebührlich vor, als hätte man in meiner Wohnung Schule halten wollen. Daraus allein kann man ersehn, wie wenig die Schule je mich zu gewinnen wußte. Und wenn ich die altertümlicheren Formen der Schulzucht – Prügel, Platzwechsel oder Arrest – nur in den untern Klassen kennen lernte, so hat sich doch der Schrecken und der Bann, den sie in diesen Jahren um mich legten, nie gehoben. Und das erkenne ich nicht nur an der Bedeutung, die der Versetzung sowie jedem der vier Zeugnisse, die man im Jahr nach Hause brachte, zukam, sondern an kleineren aber bezeichnenderen Einzelheiten. Vor allem an der unausdenkbaren Bestürzung oder vielmehr Ratlosigkeit, in die die Unterbrechungen im Ablauf des Unterrichts – wie Landpartien, die Spiele und vor allem die große jährlich anberaumte Konkurrenz der großberliner Schulen zur Bestimmung der besten Barlaufmannschaft mich versetzten. Unnötig zu sagen, daß ich der Spielmannschaft, die selten Erfolg hatte, niemals angehörte. Aber in die Mobilisierung der ganzen Schule, die bei solcher Gelegenheit stattfand, war auch ich einbegriffen. Die Spiele pflegten im Mai oder Juni und zwar auf irgendwelchen Feldern oder Exerzierplätzen in der Nähe des Lehrter Bahnhofs stattzufinden. Der Tag war in der Regel glühend heiß. Unruhig stieg ich am Lehrter Bahnhof aus, zweifelnd schlug ich die Richtung ein, die mir vage vorschwebte und fand mich endlich mit den widerstreitenden Gefühlen der Erleichterung und des Widerwillens in irgend einem fremden Schülertrupp. Von nun an nahm die Ratlosigkeit kein Ende: ob ich nun meine eigne Schule zu suchen hatte, einen Lagerplatz im Schatten ausfindig zu machen strebte, ohne das Spielfeld zu durchkreuzen, eine Bretterbude erreichen mußte, um dort Obst zum Frühstück einzukaufen, den Anschein der Teilnahmlosigkeit vermeidend mich um einen der Herren, welche die Ergebnisse des Tages bekannt machten, zu scharen oder endlich, obwohl ich diese Resultate nicht verstanden hatte, auf dem Nachhausewege Bemerkungen über den Gang des Spiels mit meinen Kameraden auszutauschen hatte. Doch was mir diese Veranstaltung am allermeisten verhaßt und widerwärtig machte, das war nicht ihr massiger Betrieb sondern ihr Schauplatz. Die breiten abgelegnen Alleen, die auf ihn führten, waren von Kasernen flankiert, Kasernen grenzten an das Spielfeld, das Feld war ein Exerzierplatz. Und mich verließ an jenen Tagen nicht das Gefühl, wenn ich es hier nur einen Augenblick an Wachsamkeit und Obacht fehlen ließe, nur auf eine Weile im Schatten eines Baums oder vor dem Stand eines Wurstverkäufers es mir gemütlich machte, sei ich dem Ort zehn Jahre später rettungslos verfallen: müsse Soldat werden. – Die Kaiser-Friedrich-Schule liegt dicht am Stadtbahngelände des Savignyplatzes. Vom Bahnhof Savignyplatz kann man in ihren Hof hinabsehn. Und weil ich – einmal aus ihr befreit – von Zeit zu Zeit immer wieder die Gelegenheit wahrnahm, steht er jetzt, untauglich nutzlos vor mir, einem jener mexikanischen Tempel ähnlich, die viel zu früh, unsachverständig ausgegraben wurden und deren Fresken unter den Regengüssen längst bis zur Unkenntlichkeit verwaschen waren als endlich ernstlich die Ausgrabung der Kultgeräte und Papyri beginnen konnte, die etwas Licht auf diese Bilder hätten werfen können. So muß ich mich mit dem begnügen, was erst heute wieder auftaucht, vereinzelten herausgebrochnen Stücken des Interieurs, die doch das Ganze in sich enthalten, während das Ganze, das dort draußen vor mir steht, sein Einzelnes so spurlos verloren hat. Da stellt sich ein zuerst nur das was sicherlich durch alle Jahre meines Schulbesuchs die müßigste meiner Wahrnehmungen gewesen ist: die zinnenbekrönte Leiste über den Klassenzimmern. Und vielleicht ist das nicht so unerklärlich. Denn alles, was mir sonst ins Blickfeld kam, hat früher oder später irgendwie für mich von Nutzen sein [können], mit einem Gedanken, einem Handgriff sich verbunden, die ihn mit sich in das Meer des Vergessens führten. Nur diese schmale Leiste, die der gesunde Wellenschlag des Alltags täglich unzählige Male wieder ausgeworfen, bis sie wie eine Muschel auf dem Sande an dem Strand meiner Träumerei liegen blieb. Und dort ist es, daß ich nun auf sie stoße. Ich nehme sie in die Hand und befrage sie wie Hamlet den Totenschädel. Es ist, wie schon gesagt, eine Leiste, die eine Reihe Zinnen darstellt. Was aber zwischen ihnen zum Vorschein kommt, ist nicht etwa das Leere sondern jeweils wieder das Holz, nur abgeschrägt und eingekerbt. Sicher war es ihre Absicht, an eine Burg zu erinnern. Aber was mit dieser Erinnerung anzufangen sei, war eine andere Frage. Allenfalls verstärkte diese Leiste noch die Ahnung der kompakten Masse, die man vormittags, hinter den geschloßnen Türen vermutete: der Klasse im Unterricht. Über den Türen, die zum Handfertigkeit- und Zeichensaale führten wurde sie zum Emblem einer gewissen zunftgerechten Biederkeit. Am Klassenschrank fand sie sich wieder, aber wieviel größern Nachdruck besaß sie an den genau gleich geformten Schränken, die an der Wand des Lehrerzimmers standen. In Septima, Oktava und Nona kam sie in Nachbarschaft der vielen Mäntelchen und Mützen an den Kleiderrechen nicht zur Geltung; in den obersten Klassen aber enthielt sie eine Anspielung auf das Abiturium welches bald die Mühe ihrer Angehörigen krönen sollte. Doch immer war es von Bedeutung und Vernunft nur mehr ein Schatten, der sie an solchen Orten überflog und nach wie vor blieb sie, vereint mit den unsäglichen grüngrauen Ornamenten, die die Wand der Aula schmückten, mit den absurden Knöpfen und Voluten der gußeiser[n]en Geländer, das Asyl all meiner Schreckensminuten und Angstträume. Nichts aber konnte es mit der Leiste aufnehmen, es sei denn das Klingelzeichen, das Beginn und Ende der Stunden und der Pausen schrillend bezeichnete. Klang und Dauer dieses Signals blieben sich immer gleich. Wie anders dennoch die Klingel zu Beginn der ersten und am Schluß der letzten Stunde anschlug – dies zu umschreiben hieße den Schleier lüften, den sieben Schuljahre immer dichter über jeden der Tage warfen, die sie bildeten. Im Winter gab es oft noch Licht, wenn sie einsetzte, es hatte aber nichts Heimliches und gab so wenig Zuflucht wie das Licht, mit dem [der] Zahnarzt uns unsern Mund erleuchtet, in dem er einen Eingriff machen muß. Zwischen zwei Klingelzeichen lag die Pause und an die zweite schloß sich das Getrappel, das Lärmen und Geschwätz mit dem die Masse der Schüler sich durch nur zwei Türen strömend, die engen Treppen durch drei Stockwerke hinaufschob. Diese Treppen sind mir immer verhaßt gewesen: verhaßt, wenn ich sie in der Herde, einen Wald von Waden und von Füßen vor mir, wehrlos den schlechten Ausdünstungen aller Körper, die sich so eng an meinen schoben, ausgeliefert ersteigen mußte – nicht weniger verhaßt wenn ich verspätet, sie ganz allein, die ausgestorbnen Korridore kreuzend, bis nach oben hasten mußte um außer Atem in die Klasse einzutreten. War es dann noch bevor der Lehrer die Klinke in die Hand genommen hatte, so mochte er ganz nahe stehn, man kam nichtsdestoweniger gewisser ungesehn herein. Aber wehe, wenn die Tür schon geschlossen war – mochten auch die benachbarten noch so weit offen stehen, mochte von oben oder unten erst nach einer Weile der Knall von zugeschlagnen Türen den Beginn des Unterrichts verkünden, mochte das Auge eines fremden Lehrers, der den Flur entlang kam, noch so harmlos uns streifen – einem Strafgericht im Innern war garnicht zu entgehen, wenn wir erst einmal den Mut zum öffnen gefunden hatten.

»Näh nicht liebes Mütterlein Am roten Sarafan Nutzlos wird die Arbeit sein Drum strenge dich nicht an« »Abend wird es wieder Über Wald und Feld Sinken Schatten nieder Und es ruht die Welt« »Ich bin der Doktor Eisenbart Juvivallera Juche Kurier die Leut nach meiner Art Juvivallera Juche« »Wohlauf noch getrunken den funkelnden Wein Adee nun Ihr Lieben Geschieden muß sein[«] [»]Wie die Wolken so wandern am himmlischen Zelt So steht auch der Sinn mir In die weite weite Welt« – dies und viel anderes spielte mir meine Mutter aus dem Erkschen Liederschatz, der in Gestalt zweier dicker grün-gold gebundner Bände in dem Notenständer ruhte[21]. Ich sang nicht mit, aber ich hörte es gern. Diese Melodien gehörten zur Wohnung wie das Scheppern des Schlüsselkorbs, wenn meine Mutter ihn ungeduldig nach der Börse oder dem Notizbuch, die zu unterst lagen, durchsuchte, wie der dumpfe Knall mit dem am Abend der Gasstrumpf der Hängekrone überm großen Tisch im Speisezimmer an dem Streichholz sich entzündete, wie das Kreischen des Aufzugs, welcher Speisen und Geschirr aus der Küche beförderte, wie das Geräusch, mit dem der heimkehrende Vater mittags die Wohnungstür aufschloß und den Stock in den Schirmständer fallen ließ.

In einer der Straßen, die ich auf solch endlosen Wanderungen passierte, überraschte mich, viele Jahre früher, das Erwachen meines Geschlechtstrieb[s] unter den sonderbarsten Verhältnissen. Es war am jüdischen Neujahrstage und meine Eltern hatten Anstalten getroffen, mich in irgend einer gottesdienstlichen Feier unterzubringen. Wahrscheinlich handelte es sich um eine Veranstaltung der Reformgemeinde, der meine Mutter aus Gründen einer Tradition in der Familie einige Sympathie entgegen brachte, während mein Vater von Hause aus dem orthodoxen Ritus gewogner war. Er mußte aber nachgeben. Man hatte mich für diesen

21 Vgl. Ludwig Erk, Deutscher Liederschatz, hrsg. von Emil Liepe, Leipzig, Berlin, Breitkopf und Haertel, o.J. »Der rote Sarafan« steht dort Bd. II, Nr. 144; das Abendlied Bd. I, Nr. 1; »Doktor Eisenbart« Bd. I, Nr. 91. Die beiden Wanderlieder, die von Benjamin in der Erinnerung in eines verschmolzen wurden, stehen Bd. II, Nr. 211 (von Justinus Kerner) und Bd. II, Nr. 40 (von Emanuel Geibel, Anfang: »Der Mai ist gekommen«). Der Wortlaut ist aus der Erinnerung zitiert und weicht daher teilweise etwas ab.

Synagogenbesuch einem Verwandten anvertraut, den ich abholen sollte. Aber sei es nun, daß ich dessen Adresse vergessen hatte, sei es, daß ich mich in der Gegend nicht zurechtfand, es wurde später und später ohne daß ich meinem Ziel näher kam. Selbständig in die Synagoge mich zu begeben, konnte garnicht in Frage kommen, da ich vom Weg keine Ahnung hatte. An dieser Ratlosigkeit, Vergeßlichkeit, Verlegenheit trug zweifellos die Hauptschuld Abneigung gegen die bevorstehende Veranstaltung und gegen die verwandtschaftliche nicht minder als gegen die gottesdienstliche. Während ich noch so umherirrte, überkam mich plötzlich und genau zu gleicher Zeit einerseits der Gedanke: viel zu spät, die Zeit ist längst verpaßt, du schaffst es nie – andrerseits das Gefühl, wie durchaus gleich das alles sei, wie gut man die Dinge könne laufen lassen wie sie mochten: und diese beiden Bewußtseinsströme flossen unaufhaltsam zu einem großen Lustgefühl zusammen, das mich mit blasphemischer Gleichgültigkeit gegen den Gottesdienst erfüllte, der Straße aber, auf der ich mich befand, so schmeichelte als hätte sie mir damals schon die Kupplerdienste zu verstehn gegeben, welche sie später dem erwachten Triebe leisten sollte.

Die »Sommerwohnungen« hatten wir erst in Potsdam, dann in Babelsberg. Man wohnte damals draußen, nämlich von der Stadt aus gesehen; vom Sommer aus gesehen aber war es innen: man nistete in ihm und die Erinnerungen an ihn muß ich, wie Moose, die man auf gut Glück im Dunkeln sich von den Wänden einer Höhle rauft, aus seiner schwülen feuchten Dämmerung lösen. Es gibt Erinnerungen, die im Gedächtnis besonders gut verwahrt bleiben, weil sie durch einen Chock zwar selber nicht betroffen, von allem folgenden aber sind isoliert worden. Sie haben sich gegen spätere nicht mehr verschleifen können und blieben abgesondert, auf sich selbst verwiesen. Eine solche kommt mir zuerst wenn ich von diesen Sommertagen rede: es ist ein Abend in meinem siebenten oder achten Jahr. Eins unserer Mädchen steht noch eine Weile an dem Gittertor, das auf ich weiß nicht welche Allee heraufführt. Der große Garten, in dessen verwilderten Randgebieten ich mich herumgetrieben hatte, hat sich schon für mich geschlossen. Es ist Zeit zum Zubettgehen geworden. Vielleicht habe ich mich an meinem Lieblingsspiel ersättigt und irgendwo am Drahtzaun im Gestrüpp mit Gummibolzen meiner Heurekapistole nach den hölzernen Vögeln geschossen, die beim Anprall des Bolzens aus dem grünen gemalten Blattwerk nach hinten fielen, wo Bindfäden sie mit der Rückwand des Tableaus verbanden. Den ganzen Tag hatte ich ein Geheimnis für mich behalten: nämlich den Traum der letztvergangnen Nacht. Ein unheimlicher war es gewesen. Mir war ein Gespenst erschienen. Der Ort, an dem es sich zu schaffen machte, existierte zwar eigentlich und genau genommen in unserer Wohnung garnicht, hatte aber doch sehr viel Ähnlichkeit mit einem mir bekannten, aufregenden und unzugänglichen, dem Winkel nämlich im Schlafzimmer der Eltern, der im Bogen gegen das übrige Gemach von einem schweren, verschoßnen violetten Vorhang abgeteilt war, und in dem die Morgenröcke, Hauskleider, Überwürfe meiner Mutter hingen: Das Dunkel hinter der Portiere war unergründlich und dieser Winkel war das verrufne nächtliche Gegenstück zu jenem lichten, beglückenden Bereiche, das mit dem Wäscheschrank der Mutter sich bisweilen öffnete, in dem auf

Brettern, von weißen Borten, deren blaugestickter Text der Glocke entnommen war, gesäumt, die Laken, Tischtücher, Servietten und Bezüge gestapelt lagen. Ein süßer Lavendelduft kam aus den kleinen bunten Sachets aus Seide, welche an der Innenwand der Schranktüren niederhingen. Das waren Hölle und Paradies, in die der alte geheimnisvolle Wirk- und Webezauber, der einst im Spinnrad seinen Ort besessen, sich gespalten hatte. Der Traum nun war von unten aus der bösen Welt gekommen: ein Gespenst, das sich in einem Gestell von seidnen Geweben in großer Zahl, einander überdeckend, zu schaffen macht. Diese Seiden stahl das Gespenst. Es raffte sie nicht an sich, trug sie nicht fort, es tat mit ihnen und an ihnen eigentlich nichts Sichtbares, Deutliches und Unterschiednes und dennoch wußte ich es stahl sie, so wie in den Sagen die Leute, die ein Geistermahl entdecken, wissen, daß diese Toten Mahlzeit halten ohne sie dabei essen oder trinken zu sehen. Dieser Traum wars, welchen ich für mich behalten hatte. In der Nacht nun, die auf diese folgte, bemerkte ich im Halbschlaf wie zu ungewohnter Stunde mein Vater und meine Mutter leise zu mir hereinkamen. Daß sie sich bei mir einschlossen, sah ich nicht, als ich am andern Morgen aufstand, gab es nichts zum Frühstück. Die Wohnung war ausgeraubt. Mittags kam meine Großmutter aus Berlin mit dem nötigsten. Eine vielköpfige Einbrecherbande hatte sich nachts über das Haus hergemacht. Zum Glück ließ das Geräusch, das sie im Hause machten, auf ihre Menge einen Schluß zu und so war es meiner Mutter geglückt, den Vater, der sich, nur mit einem Taschenmesser bewaffnet, ihnen hatte stellen wollen, zurückzuhalten. Bis gegen Morgen hatte der gefährliche Besuch gedauert – vergebens hatten die Eltern in der Dämmerung am Fenster gestanden, um nach außen Signale zu geben: die

Bande hatte in aller Ruhe mit den Körben abziehen können. Viel später wurde sie gefaßt und da ergab sich, daß ihr Organisator, ein vielfach vorbestrafter Mörder und Zuchthäusler taubstumm war. Es machte mich stolz, daß man mich über die Ereignisse des Vorabends ausfragte – denn man glaubte einer Komplizität des Dienstmädchens, die am Gitter gestanden hatte, mit den Einbrechern auf der Spur zu sein. Noch stolzer aber machte mich die Frage, warum ich meinen Traum, den ich als Prophezeiung, natürlich nun zum besten gab, verschwiegen hätte.

Was mir die ersten Bücher gewesen sind – das zu erinnern muß ich jedes andere Wissen um Bücher allererst vergessen haben. Gewiß ruht all mein heutiges auf der Bereitschaft, mit der ich damals mich dem Buch erschloß; wo aber heute Inhalt und Thema, Gegenstand und Stoff dem Buch als Äußeres gegenübertritt, fand es sich früher ganz allein in ihm, es war sowenig dem Buche ein Äußeres, Unabhängiges wie es ihm heute die Anzahl seiner Seiten wäre oder sein Papier. Die Welt, die sich im Buch eröffnete und dieses selbst, waren um keinen Preis zu trennen und vollkommen eins. So war mit einem Buche auch sein Inhalt, seine Welt handgreiflich da, mit einem Griff zur Stelle. So aber verklärte dieser Inhalt, diese Welt nun auch das Buch an allen seinen Teilen. Sie brannten in ihm, strahlten von ihm aus; sie nisteten nicht nur im Einband oder in den Bildern; Kapitelüberschriften und Anfangsbuchstaben, Absätze und Kolonnen waren ihr Gehäuse. Man las sie nicht aus, nein, man wohnte, hauste zwischen ihre[n] Zeilen und wenn [man] nach einer Pause sie wieder aufschlug, so schreckte man sich selber an der

Stelle auf, an der man stehen geblieben war. Die Beseligung aber, mit welcher man das neue Buch entgegennahm, kaum wagte, einen flüchtigen Blick hineinzuwerfen, war die des Gastes, der in einem Schloß auf ein paar Wochen eingeladen ist, und es kaum wagt, die langen Fluchten von Prunkgemächern, welche er bis zu seinem Zimmer durchschreiten muß, mit einem Blicke der Bewunderung zu streifen. Um so ungeduldiger ist er sich zurückziehen zu dürfen. Und so hatte ich denn auch kaum alljährlich auf dem Weihnachtstisch den letzten Band des »Neuen deutschen Jugendfreunds« gefunden als ich mich ganz hinter die Brustwehr seines wappengeschmückten Deckels zurückzog und mich in die Spionen- oder Jagdgeschichte vortastete, in welcher ich die erste Nacht zubringen sollte. Es gab nichts schöneres als in dieser ersten Durchmusterung des Geschichtenlabyrinths die unterschiedlichen Luftströme, Düfte, Helligkeiten und Geräusche auszuwittern, die aus seinen verschiednen Kammern und Gängen kamen. Denn wirklich zogen sich die längeren Geschichten, vielfältig unterbrochen, um als Fortsetzungen wieder aufzutauchen als unterirdische Gänge durch das Ganze. Und was tat es, wenn die Aromata, die aus den Stollen in die Höhe stiegen, in der wir Globen oder Wasserräder blitzen sahen, sich mit dem Duft des Pfefferkuchens vermengten oder ein Weihnachtslied die Gloriole um das Haupt von Stephenson wob, das im Halt zweier Seiten wie ein Ahnenbild durch den Türspalt auftauchte oder der Duft des Pfefferkuchens sich mit dem eines sizilischen Schwefelbergwerks verband, das auf einem Vollbild uns plötzlich wie auf einem Fresko entgegenschlug. Hatte man aber eine Weile in sein Buch vertieft gesessen, und trat ich dann wieder an den Tisch mit den Geschenken, so stand er nicht mehr wie beim ersten Schritt ins Weihnachtszimmer fast gebietend über mir, sondern mir war als schritte ich eine kleine Estrade hinab, die mich von meinem Geisterschloß wieder zu ihm herabführte.

Mit diesem Glück, das ich erinnere aber verschmilzt ein andres: dies in der Erinnerung zu besitzen. Ich kann die beiden heute nicht mehr von einander trennen: es ist als sei es von dem Geschenk des Augenblicks, von dem ich hier berichte, nur ein Teil: daß er die Gabe mitbekam, mir nie mehr ganz verloren zu gehen – sollte es auch [J]ahrzehnte zwischen den Sekunden w[äh]ren, wo ich seiner gedenke.

Jeder kann sich Rechenschaft davon ablegen, daß die Dauer, in der wir Eindrücken ausgesetzt sind, ohne Bedeutung für deren Schicksal in der Erinnerung ist. Nichts hindert, daß wir Räume, wo wir vierundzwanzig Stunden waren, mehr oder weniger deutlich im Gedächtnis halten, und andere, wo wir Monate verbrachten, ganz vergessen. Es ist also durchaus nicht immer Schuld einer allzukurzen Belichtungsdauer, wenn auf der Platte des Erinnerns kein Bild erscheint. Häufiger sind vielleicht die Fälle, wo die Dämmerung der Gewohnheit der Platte jahrelang das nötige Licht versagt, bis dieses eines Tages aus fremden Quellen wie aus entzündetem Magnesiumpulver aufschießt und nun im Bilde einer Momentaufnahme den Raum auf die Platte bannt. Im Mittelpunkte dieser seltnen Bilder aber stehen stets wir selbst. Und das ist nicht so rätselhaft, weil solche Augenblicke plötzlicher Belichtung gleichzeitig Augenblicke des Außer-Uns-Seins sind und während unser waches, gewohntes, taggerechtes Ich sich handelnd oder leidend ins Geschehen mischt, ruht unser tieferes an anderer Stelle und wird vom Chock betroffen wie das Häufchen Magnesiumpulver von der Streichholzflamme. Dies Opfer unseres tiefsten Ichs im Chock ist es, dem unsere Erinnerung ihre unzerstörbarsten Bilder zu danken hat. So wäre das Zimmer, wo ich mit sechs Jahren schlief, für mich vergessen, wenn dort nicht eines Abends – ich lag schon zu Bett – mein Vater mit einer Todesnachricht eingetreten wäre. Im Grunde war es nicht diese Nachricht selbst, die mich so traf; der Tote war ein entfernter Vetter. Aber in der Art, in der mein Vater mir das sagte, war [abgebrochen]

Die erste große Enttäuschung meines Lebens erreichte mich eines Nachmittags auf der Pfaueninsel. Man hatte mir unterwegs gesagt, ich werde im Gras dort Pfauenfedern liegen finden. Und kaum hatte ich das erfahren, so muß sich in mir mit der Geschwindigkeit, in der ein Funke zwischen zwei geladenen Systemen überspringt, ein enger Zusammenhang zwischen dem Namen dieser Inseln [sic] und der Pfauenfeder gebildet haben. Nicht etwa, daß dieser Funke nun den Umweg über das Bild des Pfauen genommen hätte. Dies blieb bei dem ganzen Vorgang außer Spiel. Und so richtete sich mein vorwurfsvolles Staunen als ich den Rasen so vergeblich durchforschte, denn auch nicht gegen die Pfauen, die ich auf und ab spazieren sah, vielmehr gegen den Boden dieser Insel selber, die eine Pfaueninsel war, doch keine Pfauenerde trug. Hätte ich die ersehnte Feder im Gras gefunden – ich wäre an dieser Stelle mir erwartet und bewill-

Jeder kann sich Rechenschaft darüber ablegen, daß die Dauer, in der wir Eindrücken ausgesetzt sind, ohne Bedeutung für deren Schicksal in der Erinnerung ist. Nichts hindert daß wir Räume, die wir vierundzwanzig Stunden [illegible] mehr oder weniger deutlich im Gedächtnis halten, und andere, wo wir Monate verbrachten, ganz vergessen. Es ist ~~[illegible]~~ also nicht immer Schuld einer allzu kurzen Belichtungszeit, wenn auf der Platte der Erinnerung kein Bild erscheint. Häufiger sind vielleicht die Fälle, wo die Dämmerung der Gewohnheit der Platte jahrelang ~~[illegible]~~ das nötige Licht versagt, bis dieses eines Tages aus ~~[illegible]~~ fremden Quellen wie aus entzündetem Magnesiumpulver aufschießt und nun in einer Momentaufnahme den Raum auf die Platte bannt. Im Mittelpunkte dieser ~~[illegible]~~ seltenen Bilder aber stehen fast wir selbst. Und das ist ~~[illegible]~~ rätselhaft, ~~[illegible]~~ weil solche Augenblicke plötzlicher Belichtung ~~[illegible]~~ zugleich Augenblicke des Außer-uns-seins sind, und während unser waches, gewohntes, tagesgerechtes Ich sich handelnd oder leidend ins Geschehen mischt, ~~[illegible]~~ steht unser tieferes an anderer Stelle ~~[illegible]~~ und wird vom Schock berührt wie das Häufchen Magnesiumpulver von der Streichholzflamme. [illegible] ~~[illegible]~~ [illegible] zu [illegible] ~~[illegible]~~ [illegible] ~~[illegible]~~ So meines Schlafzimmers, ~~[illegible]~~ [illegible] sechs Jahre [illegible], hätte ich vergessen, wenn [illegible] nicht eines Abends – ich lag schon zu Bett – mein Vater mit einer Todesnachricht eingetreten wäre. ~~[illegible]~~ Ich [illegible] gewiß war es nicht diese Nachricht selbst, die mich so traf: der Tote war ein entfernter Vetter. Aber in der Art, in der mein Vater ~~[illegible]~~ mich [illegible] [illegible]

54

Mit diesem Glück, das ich erinnere, aber verschweigt ein Anderes: sich in der Erinnerung zu besitzen. Ich kenne sie bei der Seite nicht mehr [illegible] [illegible] ist [illegible] [illegible] [illegible] der Gestalt des Augenblickes, [illegible] [illegible] Übrigens ~~[illegible]~~ [illegible] ein Teil: daß er die [illegible] [illegible] mir ein [illegible] ganz verloren zu gehen – hatte es auf [illegible] zwischen den [illegible] [illegible], wo ich [illegible] [illegible]

Faksimile des Manuskriptblattes 54, entspricht den Seiten 83/84 kommt vorgekommen. Nun schien mir die Insel ein Versprechen gebrochen zu haben. Die Pfauen konnten mich darüber bestimmt nicht trösten. Sie waren ja für jedermann zu sehen. Ich aber hätte das haben müssen, was für mich allein bestimmt, vor allen anderen versteckt und nur von mir im Gras zu finden war. Diese Enttäuschung wäre nicht so schwer gewesen, wenn nicht die mütterliche Erde selber es gewesen wäre, die sie mir zugefügt hatte. So wäre auch die Beseligung, nach langen Mühen das Radfahren erlernt zu haben, nicht so süß gewesen, wenn nicht die mütterliche Erde selber ihr Lob dafür mich hätte spüren lassen. Man lernte damals – in der Blütezeit des Radfahrsports – das radeln in großen, eigens dem bestimmten Hallen. Diese Hallen hatten aber nicht das snobistische Gepräge der späteren Eispaläste oder Tennishallen; sie ähnelten vielmehr den scating-rings, Turnhallen oder Zandersälen und waren Dokumente einer Gesinnung welcher Sport und Freiluft durchaus nicht wie den Heutigen unzertrennlich war. Es war die Zeit der »Sportkostüme« die noch nicht, wie unsere heutige Trainingskleidung sich vor allem dem Körper auf das nächste anzupassen strebt, sondern den einzelnen bestimmten Sport auf das Genaueste abzugrenzen [auszuprägen?] und von allen andern so abzukapseln strebt wie jene Hallen von der Natur und andern Übungen ihn isolierten. Der Sport, wie er in diesen Hallen betrieben wurde, hatte noch alle Exzentrizitäten seiner Frühzeit an sich. Auf dem asphaltierten Boden bewegten sich unter Aufsicht von Trainern neben den gewöhnlichen Rädern für Herren, Damen, Kinder Gestelle, deren Vorderrad zehnmal so groß war als das kleine Hinterrad und deren luftiger Sitz wahrscheinlich von Artisten eingenommen wurde, welche hier irgend eine Nummer einstudierten.

Die Baumgärten von Glienicke, die breiten, feierlichen Promenaden von Schloß Babelsberg, die schmalen versteckten Pfade unseres Sommergartens, die schattigen Laubengänge, welche an den Stellen, wo Landungsbrücken waren, an den Griebnitzsee herunterführten – dies alles schlug ich zu meinem Reiche, in der Phantasie in einem Augenblick vollendend das Werk zahlloser Promenaden, Spiele, Streifereien[,] in meiner Vermählung mit der Bodenwelle knieend[,] wie ein Dynast durch eine einzige glückliche Verbindung unendliche Territorien sich erobert.

Ich habe von den Höfen gesprochen. Selbst Weihnachten war im Grunde ein Fest der Höfe. In den Höfen begann es mit den Leierkästen, die die Woche vor dem Fest mit Chorälen dehnten und in Höfen endete es mit den Tannenbäumen, die, ihres Fußes beraubt, im Schnee lehnten oder im Regen glänzten. Aber Weihnachten kam und teilte mit einem Mal vor den Augen des Bürgerkindes seine Stadt in zwei gewaltige Lager. Es waren nicht die echten wirklichen, in denen Ausgebeutete und Herren einander unversöhnlich gegenüberliegen. Nein, es war ein gestelltes arrangiertes Heerlager beinah so unwirklich und so künstlich wie die Krippen, die aus Papieren oder hölzernen Figuren gestellt waren, aber auch so alt und so ehrwürdig: Weihnachten kam und teilte in Arm und Reich. Weihnachten kam und teilte die Kinder in solche, die an den Buden des Potsdamer Platzes sich mit ihren Eltern entlangschoben und solche die im Innern, allein, ihre Puppen und ihre Schäfchen für gleichaltrige Kinder zum Verkaufe boten. Weihnachten kam und mit ihm eine ganze unbekannte Welt von Waren, [abgebrochen]

Man hat das déjà vu sehr oft beschrieben. Aber ich frage mich, ob die Bezeichnung eigentlich glücklich und die Metapher, welche allein dem Vorgang angemessen ist, nicht viel besser dem Bereiche der Akustik zu entnehmen wäre. Man sollte von Vorfällen reden, welche uns betreffen wie ein Echo, zu dem der Ruf, der Hall der es erweckte, irgendwann im Dunkel des verfloßnen Lebens ergangen scheint. Dem entspricht, wenn wir nicht irren, daß der Chock, mit welchem Augenblicke als schon gelebt uns ins Bewußtsein treten, meist in Gestalt von einem Laut uns zustößt. Es ist ein Wort, ein Klopfen oder Rauschen, welchem die magische Gewalt verliehen ist, mit einem Male uns in die kühle Gruft des Einst zu bannen, von deren Wölbung uns die Gegenwart nur als ein Echo scheint zurückzuhallen. Hat man aber je dem Gegenbilde dieser Entrückung nachgeforscht, dem Chock, mit dem wir auf eine Geste oder auf ein Wort gestoßen sind, wie man mit einmal einen vergeßnen Handschuh oder Pompadour bei sich entdeckt. Und wie uns die auf eine Fremde schließen lassen, welche da war, so gibt es Worte oder Gesten, die uns auf jene unsichtbare Fremde schließen lassen, die Zukunft, welche sie bei uns vergaß. Ich mochte fünf Jahre alt sein. Eines abends – ich lag bereits im Bett – erschien mein Vater, wahrscheinlich um mir gute Nacht zu sagen. Es war wohl halb gegen seinen Willen, dachte ich, daß er die Neuigkeit vom Tod eines Verwandten mir erzählte. Der Tote war ein Vetter, ein erwachsner Mann, der mich wenig anging. Mein Vater aber gab die Nachricht mit Details, erklärte mir bei der Gelegenheit auf meine Frage was ein Herzschlag sei und war redselig. Von der Erklärung nahm ich nicht viel auf. Wohl aber habe ich an diesem Abend mein Zimmer und mein Bett mir eingeprägt wie man sich einen Ort genauer merkt, von dem man ahnt, man werde eines Tages etwas Vergessenes dort suchen müssen. Viele Jahre später erfuhr ich, was. »Vergessen« hatte hier, in diesem Zimmer mein Vater einen Teil der Todesnachricht: daß die Krankheit Syphilis hieß.

Diabolo / Das Pult, an dem ich meine Schularbeiten machte / Bahnhof Neubabelsberg / Schloß Neubabelsberg

Nachwort von Gershom Scholem

Editorisches Postskriptum

Die »Berliner Chronik« befindet sich im Nachlaß Walter Benjamins im Benjamin-Archiv in Frankfurt am Main. Sie stellt die Keimzelle dar, aus der, offenbar bald nach dem Abbruch dieses Manuskriptes, die »Berliner Kindheit um neunzehnhundert« entstand, als Benjamin sich entschloß, statt unmittelbar autobiographischer Aufzeichnungen über Erinnerungen und Vorgänge seiner Kindheit, Schul- und Studentenzeit sich auf Erinnerungen, aber dichterisch und literarisch verwandelte, aus seiner Kindheit zu beschränken. Der Unterschied zwischen den beiden Versionen ist daher sehr bedeutend. Drei Fünftel der vorliegenden Aufzeichnungen haben keinerlei Entsprechung in der »Berliner Kindheit«. Auch von den übrigen zwei Fünfteln ist das meiste nur in tiefgreifender Verwandlung und Umarbeitung in die »Berliner Kindheit« aufgenommen worden und wirklich fast wörtlich entsprechende Abschnitte gibt es nur ganz wenige. Benjamin schrieb die Aufzeichnungen stückweise und zum Teil in außerordentlich schneller und sehr schwer lesbarer Schrift. Ob er von einigen Stücken etwa auf Zetteln oder Notizblöcken Vorentwürfe gemacht hat, möchte ich nicht entscheiden, wage es aber nicht auszuschließen. Solche Vorentwürfe scheinen aber kaum die nur hier und nicht in der »Berliner Kindheit« enthaltenen Abschnitte zu betreffen.

Trotz ihres fragmentarischen Charakters sind diese Aufzeichnungen so wertvoll für ein Verständnis der Person und der Biographie Benjamins, aber auch für die Vielschichtigkeit seiner literarischen Produktion, daß ihre Veröffentlichung eine wesentliche Bereicherung unserer Kenntnis darstellen dürfte. Nicht nur, daß wir hier genauere Einzel-

heiten über sein Elternhaus und dessen Hintergrund erfahren, sondern es stehen hier auch die einzigen erhaltenen Seiten, auf denen Benjamin sich über seinen toten Freund Fritz Heinle, der eine große Rolle in seinem Leben spielte, geäußert hat. Als er im Herbst 1932, nach der Rückkehr nach Berlin, die literarische Ausarbeitung der »Berliner Kindheit« begann, schied er alle diese Elemente aus, die auf seine unmittelbare reale Biographie Bezug haben. Merkwürdig ist dabei auch, daß gerade bei dieser literarischen Metamorphose die in dem vorliegenden Text zahlreichen Bezüge auf seine sozialistische und klassenkämpferische Überzeugung so gut wie vollkommen geschwunden sind. Das Licht, das auf die spätere Version fällt, ist viel milder und bei aller Schärfe des Details geradezu versöhnlicher als das, unter dessen Einwirkung und kämpferischer Inspiration die vorliegenden Aufzeichnungen entstanden sind. Eine innere Verwandlung kann in diesen Zeitläuften in seinen kämpferischen Überzeugungen nicht stattgefunden haben – verschärften sie sich doch eher –, also wird der Grund für diese Verwandlung wohl in äußeren Umständen, bzw. der veränderten literarischen Absicht der neuen Version zu suchen sein.
Den Text, wie er hier wiedergegeben ist, schrieb Benjamin im Frühjahr 1932 während seines ersten Aufenthalts auf der Insel Ibiza in einem in Leder gebundenen Heft nieder, das aus 78 sehr dünnen, einseitig beschriebenen Kleinoktavblättern besteht. Davon nimmt die »Berliner Chronik« 59, sowie ein Widmungsblatt am Anfang, ein. Die übrigen Blätter enthalten, unter der Überschrift »Spanien 1932«, Aufzeichnungen über Ibiza und seine Reise von Hamburg nach Spanien auf einem Frachtschiff und vor allem über seine Unterhaltungen mit einem der Schiffsoffiziere und dessen Erzählungen über sich selbst.

Während die Aufzeichnungen über Spanien eine geschlossene Seitenfolge bilden, trifft das nicht auf die ersten neun Blätter der »Berliner Chronik« zu. Aus nicht erklärlichen Gründen springt die Ausführung hier mehrfach über ein Blatt, und die Folge, wie sie durch den Inhalt und die Übergänge am Blattende erzwungen wird, ist Bl. 1 (die Widmung), Bl. 2, 4, 3, 5 (dessen Fortsetzung am Ende auf der gegenüberliegenden Rückseite von Bl. 4 unten steht), 6, 8, 7, 9 – und von da an in natürlicher Folge der Blätter. Eine Vertauschung der Seiten, etwa beim Einbinden in einen biegsamen braunen Ledereinband, kommt nicht in Frage. Ursprünglich bestand das Heft aus Großoktavbögen von 19 × 15 cm, die aber so in der Mitte gefaltet wurden, daß 39 Doppelblätter entstanden sind. Dadurch läßt sich eindeutig feststellen, daß die Folge der Seiten nicht nachträglich verändert worden sein kann. Fraglich bleibt, ob etwa die ursprüngliche Lage aus 40 großen Blättern bestand, was vielleicht eher zu erwarten wäre, so daß ein Doppelblatt, und zwar vor Blatt 6, aus irgendeinem Grunde beim Einbinden oder schon vorher verlorengegangen sein müßte. Die entsprechenden Blätter auf der anderen Hälfte der Bogen am Ende des Heftes enthalten in sich abgeschlossene Stücke, wo nichts fehlt, so daß denkbar wäre, daß auch die in dem Spanien-Manuskript dann ebenfalls verlorengegangene Blatthälfte eine in sich abgeschlossene Aufzeichnung enthalten haben kann, deren Fehlen jetzt nicht auffällt. Sachlich nämlich scheint in der Tat vor dem 6. Blatt der »Berliner Chronik« etwas zu fehlen. Es beginnt mit dem »fünften Führer« zu Berlin, worauf auf der Mitte des übernächsten Blattes, das die unmittelbare Fortsetzung bildet, der Abschnitt über den »vierten Führer« sich anschließt. Benjamin spricht von denjenigen, die ihn in die Stadt eingeführt ha-

ben, und zählt fünf solcher Führer auf. Im vorliegenden Manuskript spricht er aber nur von dem Kindermädchen, Franz Hessel und der Stadt Paris als solchen Führern. Der zweite und dritte Führer werden hier überhaupt nicht erwähnt, und es liegt die Annahme nahe, daß sie auf einem verlorengegangenen Blatt genannt und beschrieben waren.
Unklar bleibt ebenfalls, wo der Anfang der Schilderung des morgendlichen Schulgangs gestanden haben mag, deren Schlußstück, mit einem neuen Absatz einsetzend, auf Blatt 11 steht (im Text Seite 71). Wiederum aber beweist die Untersuchung der entsprechenden Halbblätter in den Aufzeichnungen über die spanische Reise, daß dort nichts fehlt und an den Seitenübergängen der entsprechenden Blätter eindeutig zusammenhängende Sätze stehen. Manche Stücke, die in der »Berliner Kindheit« ein Ganzes bilden, sind hier auf ganz verschiedene Niederschriften verteilt, und es ist deutlich zu erkennen, daß dies Ganze aus einer Umarbeitung der früheren Aufzeichnungen entstand und nicht etwa umgekehrt.

Das Motto der »Berliner Kindheit«, das dort in Anführungszeichen dem Buch vorangesetzt ist,

»O braungebackne Siegessäule
Mit Winterzucker aus den Kindertagen«

steht hier S. 42 in der Fassung

O braungebackne Siegessäule
Mit Kinderzucker aus den Wintertagen.

Über den Ursprung dieses surrealistisch anmutenden Verses, über den sich nicht wenige Leser den Kopf zerbrochen haben, läßt sich aber durch einen glücklichen Fund in Benjamins Nachlaß Genaues sagen. Er stellt nicht etwa ein Zitat aus einer unbekannten Schrift dar, sondern entstammt, wiederum in anderer Fassung, einer Aufzeichnung Benjamins aus seinen Niederschriften im Haschisch-Rausch. Er machte 1928-1931 in Berlin und Marseille eine ganze Zahl von Experimenten über die Wirkung des Haschisch auf seine Imagination[1]. Mehrere genaue Protokolle über diese, zum Teil unter der Aufsicht von zwei Ärzten und der Teilnahme eines oder zweier Freunde stattgefundenen Versuche haben sich erhalten. Bei diesen Protokollen liegen auch einige Blätter in Benjamins Handschrift mit schnell hingeworfenen phantastischen Sätzen freier Assoziationsbildungen. Ihre, der gewöhnlichen Schrift Benjamins gegenüber deteriorierte Form weist eindeutig darauf hin, daß sie noch unter dem Einfluß des Haschisch, beim Abklingen des Rausches, geschrieben sind. Auf einem dieser Blätter finden sich nun einige Sätze dieser Art, die ich hier unverändert wiedergebe:

Die Phantasie wird zivilisatorisch –
Ach hätte ich die Lustigen Weiber von Windsor wieder
Im berliner Nebel
Gottheils Berliner Märchen
Oh braungebackne Siegessäule
Mit Nebelzucker in den Wintertagen
Französische Kanonen[2] *überragen*
Mein Fragen.

1 Vgl. den Brief an mich vom 30. Januar 1928 (Benjamin, Briefe, Frankfurt a.M. 1966, S. 456) und den Aufsatz »Haschisch in Marseille« (Benjamin, Illuminationen, Frankfurt a.M. 1961, S. 344-352). – *Die Haschisch-Materialien jetzt vollständig in: Benjamin, Gesammelte Schriften, Bd. VI, Frankfurt a.M. 1985, S. 558-618. (R.T.)*

2 Gemeint sind die aus dem Feldzug von 1870 stammenden Kanonenrohre, die die Außenfläche der Siegessäule umgeben.

Das Motto der »Berliner Kindheit« stammt also von Benjamin selbst unter Verwendung eines wenige Jahre vorher im Haschisch-Rausch produzierten Verses, an den er sich noch erinnerte.

Ein Wort bleibt auch über die Widmung auf dem ersten Blatt zu sagen. Ursprünglich enthielt sie den folgenden Text:

Geschrieben für vier meiner lieben Freunde
Sascha Gerhard
Asja Lazis
und Fritz Heinle[3]

Mit Sascha ist der bekannte Graphiker und Photograph Sascha Stone gemeint, mit dem Benjamin in diesen Jahren viel umging; Gerhard bezieht sich auf meinen eigenen Namen: Gerhard Scholem. Asja Lazis ist die Freundin, der er die »Einbahnstraße« gewidmet hat. Diese ursprüngliche Widmung ist aber mit anderer Tinte in starken Linien durchgestrichen und gerade noch für ein scharfes Auge lesbar. An ihre Stelle ist dann die Widmung an Benjamins Sohn Stefan getreten, wiederum in anderer Tinte.

Die Zeilenzahl auf den Seiten des Manuskripts schwankt zwischen 34 und 39 Zeilen. Mehrfach finden sich im Text kürzere und längere Durchstreichungen. Das Gestrichene ist hier nicht wiedergegeben worden. Manchmal bedingten die veränderten Konstruktionen auch Änderungen in den anderen Satzteilen, und es fehlt hier und da nicht an Inkonsequenzen. Es sind auch manche Wörter, die eigentlich ge-

3 *Scholem hat den Namen Fritz Heinle irrtümlich als »Franz Hessel« gelesen. (R. T.)*

strichen sein müßten, stehengeblieben. In eckigen Klammern stehen Wörter, die Benjamin in der Eile des Schreibens vergessen oder übersprungen hat, die aber notwendig in die Satzkonstruktion gehören. Einige Male hat er Wörter wiederholt; solche Dittographien sind hier fortgelassen worden. Die Interpunktion des Manuskripts, die den persönlichen Idiosynkrasien Benjamins entspricht, der besonders bei der Setzung des Kommas sich an keine Regel hielt, ist hier durchgehend beibehalten worden. Nur wo das Fehlen eines Satzzeichens eine mißverständliche Konstruktion herbeiführen konnte, habe ich in eckigen Klammern ein Satzzeichen hinzugefügt.
Die Entzifferung des Manuskripts bot beträchtliche Schwierigkeiten und setzte eine genaue Vertrautheit mit Benjamins Ausdrucksweise nicht weniger als mit seiner Schrift voraus. Ich habe meiner Freundin Frau Dr. Kitty Steinschneider für ihre unschätzbare Hilfe bei der Entzifferungsarbeit zu danken, ohne die die vorliegende Ausgabe kaum hätte zustande kommen können.

Gershom Scholem

Die von Scholem skizzierte Entstehungsgeschichte der »Berliner Chronik« bedarf kaum der Korrektur und nur weniger Ergänzungen. Der Niederschrift ging ein »Vorschlag« voraus, der »eines Tages« an Benjamin »herantrat, für eine Zeitschrift eine Folge von Glossen über alles was [ihm] an Berlin von Tag zu Tag bemerkenswert erscheine in loser, subjektiver Form zu geben«. Dieser Vorschlag war von der Zeitschrift »Die literarische Welt« gekommen, mit der Benjamin am 1. Oktober 1931 einen Vertrag geschlossen hatte, der ihn verpflichtete, bis März 1932 »im Zeitraum je eines Vierteljahres« viermal eine »Berliner Chronik von je 200 bis 300 Zeilen« zu liefern. Nur Spekulationen sind darüber möglich, weshalb es zur Erfüllung des Vertrags nicht gekommen ist; am wahrscheinlichsten wohl, daß die Arbeit unter der Hand sich zu sehr erweiterte, um noch in ein paar hundert Zeilen bewältigt werden zu können; denkbar auch, daß Benjamin sie unabgeschlossen liegenließ, weil sie nach dem Maß seiner literarischen Produktion unzulässig privat geraten war. Jedenfalls dürfte mit der Abfassung nicht erst im April 1932, nach Benjamins Ankunft auf Ibiza, begonnen worden sein, wie Scholem vermutete; bereits am 28. Februar hatte Benjamin ihm, noch aus Berlin, über den Text berichtet: »Manchmal kommt es mir vor, als ob [...] noch etwas hinter meinem Rücken entstünde in Form von einigen Niederschriften, die ich bei gelegener, vielmehr meist ungelegener Zeit seit einigen Wochen mache und die die Geschichte meines Verhältnisses zu Berlin betreffen.« Der größte Teil der »Berliner Chronik« entstand indessen fraglos auf Ibiza. Nach einem wohl nur kurzen, aber bedeutsamen Zwischenaufenthalt in Nizza im Juli 1932, der kaum ohne Einfluß auf die Änderung seiner literarischen Pläne war, verbrachte Benjamin die Zeit von August bis November 1932 in Marina di Massa an der italienischen Riviera. Hier begann die Umformung der »Berliner Chronik« zur »Berliner Kindheit um neunzehnhundert«; von dem neuen Buch lag im September 1932 bereits die Hälfte des damals Projektierten vor.

Scholems Vermutung, Benjamin »könne von einigen Stükken etwa auf Zetteln oder Notizblöcken Vorentwürfe gemacht« haben, wird durch eine kleine Anzahl solcher Entwürfe, die sich im Nachlaß erhalten haben, bestätigt. Die überwiegende Mehrzahl der überlieferten Dispositionen, Motivlisten, Notizen, Entwürfe und Niederschriften bezieht sich zwar eindeutig auf die »Berliner Kindheit um neunzehnhundert«, einige wenige Vorstudien aber gelten auch solchen Texten der »Berliner Chronik«, die in der »Berliner Kindheit« ohne Gegenstück blieben. Im folgenden werden drei Vorentwürfe mitgeteilt, die zum größeren Teil auch in der »Berliner Chronik« unausgeführt geblieben sind. Die an erster Stelle stehenden Notizen gehören jenem Stadium der Arbeit an, als Benjamin noch »eine Folge von Glossen über alles was mir an Berlin von Tag zu Tag bemerkenswert erscheine« zu schreiben gedachte. Die beiden anderen Entwürfe dürften vor allem für Benjamins Arbeitsweise nicht ohne Interesse sein*.

* Beim Abdruck werden von Benjamin gestrichene Stellen durch geschweifte Klammern { } gekennzeichnet.

Zur berliner Chronik

Rote Revue: jede Situation appelliert an den gesunden Menschenverstand; die Sache kommt aus einem Reservoir, woraus mehr zu holen ist; man kommt ohne die offizielle Phraseologie aus; politischer Nutzwert; Zusammenhang mit der Volksbühnenopposition; Tunneldurchbruch (Verhältnis zur kleinen Revueform).

Bibliophilen im Pan-Club. Anruf Rudolf Presbers – der weiß Bescheid; Replik von Bloem. Niveau der Bibliophilen; Verflechtung mit dem Druckereigewerbe; Wissenschaft und Literatur fehlen; Die Biene Maja gebunden.

Konflikt im Schriftstellerschutzverband. Ein Gegenstück zur R. G. O.; die Thesen von Lukács; die Stellungnahme des bürgerlichen Schriftstellers zur Zensur (Heine bei Marcuse)

Berliner Destillen

Die »Bergwerke von Falun« am Eßzimmertisch. Wie ich mich vor Angst immer mehr über den Tisch beuge.

{Lektüre E.T.A. Hoffmanns am offnen »Bücherspind«.} Später Haubindaner Rede Halms über Hoffmann [s. auch Walter Benjamin, Gesammelte Schriften, Bd. VII, Frankfurt a. M. 1988, S. 86f.]

Die tote Straße an der Apostelpauluskirche. Kürzlich entdeckte Straße in Schöneberg an der Potsdamer.

Meine Abneigung gegen die berliner Vororte. Liebe zu den trostlosen Dörfern der Mark.

Simon Guttmanns Atelier in der Friedrichsruherstr. Später dort Brechts Atelier, in das Asja ging. Mondsichel und Transzendierung. Guttmann und Unger im gleichen Schlafzimmer. Der Jean Paul und die Bälle.

{Fräulein Pufahl. Herr Knoche.} Der Leithammel. Passau-

erstr. Jeder berührt in der Kindheit eine Vorgeschichte; so ich die der Kaiser Friedrich Schule. {»Da wird das Herz noch gewogen.« »Später erklären.«} Das Haubindaner Erlebnis mit August Halm.

Der Rechenlehrer Herr Schulze. Franz Schultz in Frankfurt[a]/M. Die Episoden mit dem Tintenfaß und mit dem Röllchen.

Die entscheidende AV der berliner freien Studentenschaft am Zoo. Mein Manöver: sitzen bleibend, auf den Stock gestützt, leise sprechend.

{Die Schulwege: mit der Elektrischen bis zur Knesebeckstraße; über den Savignyplatz; durch die Nettelbeckstraße.}

Das Murmelspiel auf dem Affenspielplatz und die ersten Keime der Neigung zum Hasard. Schieber als Geburtstagsgeschenke. Murmelbewertung.

{Glocken der Kaiser Wilhelm Gedächtnis Kirche}

{Aufgänge und Flure der Kaiser Friedrich Schule. Die Aula. »Brüder nun zuletzt«}

{Hallesches Tor. Die lustigen Weiber von Windsor}

{Wiederkehr des Flaneurs}

Schilderung des Medusenringes – wo?

Aufzeichnungen über die Rousseauinsel

{Ernst Bloch: Berlin von der Landschaft her gesehen [s. Bloch, Berlin, aus der Landschaft gesehen, in: Frankfurter Zeitung, 7.7.1932]}

[x]-Flug in der Motzstraße; die Hure, die sich bückte

Kindergesellschaften; ich weinte die ganze Zeit. Siegfried Lehmann in der Genthinerstraße; das Gesellschaftsspiel – Bann der Gesellschaftsspiele: man sprang in diese neue Regelwelt, tummelte sich darin wie einer, der nicht schwimmen kann im Wasser; wie einer, der sie nicht versteht, in einer fremden. Die Tanzstunden Fortsetzungen der Kindergesellschaften. Maria Mühling am Kurfürstendamm, die kupplerische Mutter. Schlußball im Hotel de Rome.

Tauentzienstr 7^b; das Lachkabinett; Ende von Tante Rieckchen

Tante Pick, Bertha; in der Augustastraße. Entdeckung der Leichenhalle in der Hannoverschen Straße. Welchen neuen Ausdruck später die Gegend annahm. – Das schwarze Mädchen am Stettiner Bahnhof.

{*Meine Neigung, bei den Huren etwas liegen zu lassen. Die Manschetten in der Bergstraße. Es werden Zigaretten besorgt. »Salem Aleicum«*}

Der Kurfürstendamm: Joseephys, Böninger – die Nebenstraßen.

Hagemann (Geschichte von Karageorgiewitsch) Wehner (Lateinlehrer; Demokrat) Fiedler (kurzsichtig, Fistelstimme) Timpe, Tonndorf, Lukas, Zernecke, Wilke, Makkensen, Mehwaldt, Hunger, Herfarth, Paarmann, Schütze (Schnauzbart, gefallen), Steinmann

{*Murmeln mit oder ohne Goldstaub*}

Carmerstraße Konsultation von Ziehen im Herrenzimmer. Der Geldschrank. Nebenan das Schlafzimmer meiner Eltern; dort wurden mir die Mandeln herausgenommen. Weiter der Raum, wo ich zum ersten Mal die Gespenster las. Der Salon vor dem Balkon, wo der Bücherschrank stand. Das Eßzimmer, der Speisenaufzug im Flur. Turnstunden im Flur. Loggia: Dreyfusprozeß.

{*Besuche machen: Großmama Benjamin; Tante Pick; Tante Stargardt; Tante Lehmann; das Dienstmädchen, das öffnete, gehörte schon zur Familie.*}

Die Vossische Zeitung: »Bitte die dritte«. »Lokales und Vermischtes.« Die Sonntagsbeilage. Die Mappe mit Zeitungsausschnitten wird angelegt.

{»Der neue Schrank«}

{Radfahren lernen. Der Kies. Die Bodenwelle. Die Gartenbahn. Lesen lernen; das Buchstabenspiel; die vocation littéraire.} Laubsägearbeiten. Die sehr fremde Welt der Tätigkeiten, die in die Kindheit eingeschlossen blieben wie eine Fliege in Bernstein. Die Fibel meiner Mutter und das petit à petit. {Der Chock des Wiedersehens, welcher zerstörend ist. In der Erinnerung lernen wir die Sehnsucht als Erkenntnisprinzip kennen}

{Erschließung der Wohnung durch die Eisenbahn.}

{Das Reck auf dem Flur, die Turnstunden bei Herrn Fähring}

Für die Edition der »Berliner Chronik« im Rahmen von Benjamins »Gesammelten Schriften« hat der Unterzeichnete den Text durchgesehen und mit dem handschriftlichen Original kollationiert; der vorliegende Abdruck übernimmt die Ergebnisse dieser Textrevision. Die Reihenfolge der einzelnen Stücke wurde dabei gegenüber der Scholemschen Anordnung geringfügig verändert. Die »Berliner Chronik« ist als erste Niederschrift überliefert, die keinen durchgehenden Text bildet, vielmehr aus einzelnen, gegeneinander mehr oder weniger unabhängigen Stücken besteht. Benjamin hat, wie er es häufig in Heften oder auf Blöcken tat, die Blätter nicht kontinuierlich vom ersten bis zum letzten beschrieben, sondern in Sprüngen: zunächst anscheinend oft eine oder mehrere Seiten leer lassend, die er dann später füllte, wie der jeweilige Platzbedarf es gerade ergab. In der Regel kann die Edition der »Berliner Chronik« zwar der

Reihenfolge des Manuskripts folgen, da Benjamin den Text jedoch nach der Niederschrift beiseite legte, um ihn zur »Berliner Kindheit um neunzehnhundert« umzuarbeiten – oder richtiger: um Teile des älteren Manuskripts in das neue Buch einzuarbeiten –, existiert für einen Teil der »Berliner Chronik« keine verbindliche Anordnung, die deshalb vom Herausgeber herzustellen war.

Scholems Vermutung, »daß ein Doppelblatt [...] aus irgendeinem Grunde beim Einbinden [der Handschrift] oder schon vorher verlorengegangen sein müßte«, ließ sich nicht bestätigen. »Der zweite und dritte Führer« – gemeint sind diejenigen, die den Autor der »Berliner Chronik« »in die Stadt eingeführt haben« –, deren Fehlen Scholem zu der Annahme veranlaßte, »daß sie auf einem verlorengegangenen Blatt genannt und beschrieben waren«, fehlen wohl doch nicht: auf die Kinderfräulein, welche den ersten Führer darstellen, folgt als zweiter »jene Ariadne«, die durch die Parallelstelle in der »Berliner Kindheit um neunzehnhundert« als Luise von Landau, Benjamins Kinderliebe, identifizierbar ist; der vierte und fünfte Führer – die Stadt Paris und der Freund Franz Hessel – sind dem dritten vorangestellt worden. Dieser aber waren die Prostituierten, in deren Zeichen vom Autor »ganze Straßenzüge entdeckt wurden« und die vorher schon und gewiß nicht zufällig den gleichen Ariadnevergleich herbeiriefen, mit dem auch der zweite Führer ausgezeichnet ward. Daß das Motiv der Stadtführer ungleichmäßig durchgeführt wurde – Ähnliches ließe von zahlreichen anderen Motiven in der »Berliner Chronik« sich sagen –, ist bedingt durch den Fragmentcharakter des Textes; fehlen dürfte in diesem nur das Ungeschriebene.

In nicht wenigen Fällen gelangte die Textrevision zu Lesungen, die von denen der Erstausgabe abweichen. Uneinheitlichkeiten in der Orthographie und Interpunktion des Manuskripts sind beim Abdruck möglichst bewahrt worden. Lediglich offenkundige Verschreibungen wurden korrigiert; durch eckige Klammern wurde auf die Korrektur jeweils hingewiesen. Gelegentlich erschien es sinnvoll, unvollständige oder sonst fehlerhafte Konstruktionen stehenzulassen und durch ein [sic] kenntlich zu machen. Anders als in Scholems Ausgabe sind jedoch »manche Wörter, die eigentlich gestrichen sein müßten«, stillschweigend auch gestrichen worden. Die Nachweise von Parallelstellen zur »Berliner Kindheit um neunzehnhundert«, die in der Erstausgabe auswahlweise sich finden, dürften in einer reinen Leseausgabe entbehrlich sein. Hinzugefügt wurde jenes »graphische Schema [seines] Lebens, einer Reihe von Stammbäumen ähnlich«, von dem Benjamin berichtet, daß der Gedanke dazu eines Tages in Paris über ihn gekommen sei und welches er in der »Berliner Chronik« nur beschreibt, nicht wiedergibt; die reproduzierte Version ist einer von Benjamins Versuchen, das Schema, das in seiner ursprünglichen Fassung verlorenging, wiederherzustellen.

Rolf Tiedemann
Theodor W. Adorno Archiv

Bibliothek Suhrkamp

Verzeichnis der letzten Nummern

737 Leonora Carrington, Unten
738 August Strindberg, Der Todestanz
739 Hans Erich Nossack, Das Testament des Lucius Eurinus
741 Miguel Angel Asturias, Der Böse Schächer
742 Lucebert, Die Silbenuhr
743 Marie Luise Kaschnitz, Ferngespräche
744 Emmanuel Bove, Meine Freunde
745 Odysseas Elytis, Lieder der Liebe
746 Boris Pilnjak, Das nackte Jahr
747 Hermann Hesse, Krisis
748 Pandelis Prevelakis, Chronik einer Stadt
749 André Gide, Isabelle
750 Guido Morselli, Rom ohne Papst
752 Luigi Malerba, Die Entdeckung des Alphabets
753 Jean Giraudoux, Siegfried oder Die zwei Leben des Jacques Forestier
754 Reinhold Schneider, Die Silberne Ampel
755 Max Mell, Barbara Naderer
756 Natalja Baranskaja, Ein Kleid für Frau Puschkin
757 Paul Valéry, Die junge Parze
758 Franz Hessel, Heimliches Berlin
759 Bruno Frank, Politische Novelle
760 Zofia Romanowiczowa, Der Zug durchs Rote Meer
761 Giovanni Verga, Die Malavoglia
762 Roland Barthes, Am Nullpunkt der Literatur
763 Ernst Weiß, Die Galeere
764 Machado de Assis, Quincas Borba
765 Carlos Drummond de Andrade, Gedichte
766 Edmond Jabès, Es nimmt seinen Lauf
767 Thomas Bernhard, Am Ziel
768 Ödön von Horváth, Mord in der Mohrengasse / Revolte auf Côte 3018
769 Thomas Bernhard, Ave Vergil
770 Thomas Bernhard, Der Stimmenimitator
771 Albert Camus, Die Pest
772 Norbert Elias, Über die Einsamkeit der Sterbenden in unseren Tagen
773 Peter Handke, Die Stunde der wahren Empfindung
774 Francis Ponge, Das Notizbuch vom Kiefernwald / La Mounine
775 João Guimarães Rosa, Doralda, die weiße Lilie
776 Hermann Hesse, Unterm Rad
777 Lu Xun, Die wahre Geschichte des Ah Q

778 H. P. Lovecraft, Der Schatten aus der Zeit
779 Ernst Penzoldt, Die Leute aus der Mohrenapotheke
780 Georges Perec, W oder die Kindheitserinnerung
781 Clarice Lispector, Die Nachahmung der Rose
782 Natalia Ginzburg, Die Stimmen des Abends
783 Victor Segalen, René Leys
785 Uwe Johnson, Skizze eines Verunglückten
786 Nicolás Guillén, Ausgewählte Gedichte
787 Alain Robbe-Grillet, Djinn
788 Thomas Bernhard, Wittgensteins Neffe
789 Vladimir Nabokov, Professor Pnin
790 Jorge Luis Borges, Ausgewählte Essays
791 Rainer Maria Rilke, Das Florenzer Tagebuch
792 Emmanuel Bove, Armand
793 Bohumil Hrabal, Bambini di Praga
794 Ingeborg Bachmann, Der Fall Franza/Requiem für Fanny Goldmann
795 Stig Dagerman, Gebranntes Kind
796 Generation von 27, Gedichte
797 Peter Weiss, Fluchtpunkt
798 Pierre Loti, Aziyadeh
799 E. M. Cioran, Gevierteilt
800 Samuel Beckett, Gesellschaft
801 Ossip Mandelstam, Die Reise nach Armenien
802 René Daumal, Der Analog
803 Friedrich Dürrenmatt, Monstervortrag
804 Alberto Savinio, Unsere Seele / Signor Münster
805 Henry de Montherlant, Die Junggesellen über Gerechtigkeit und Recht
806 Ricarda Huch, Lebenslauf des Heiligen Wonnebald Pück
807 Samuel Beckett, Drei Gelegenheitsstücke
808 Juan Carlos Onetti, So traurig wie sie
809 Heinrich Böll, Wo warst du, Adam?
810 Guido Ceronetti, Das Schweigen des Körpers
811 Katherine Mansfield, Meistererzählungen
812 Hans Mayer, Ein Denkmal für Johannes Brahms
813 Ogai Mori, Vita sexualis
814 Benito Pérez Galdós, Miau
815 Gertrud Kolmar, Gedichte
816 Rosario Castellanos, Die neun Wächter
817 Bohumil Hrabal, Schöntrauer
818 Thomas Bernhard, Der Schein trügt
819 Martin Walser, Ein fliehendes Pferd
820 Gustav Januš, Gedichte
821 Bernard von Brentano, Die ewigen Gefühle
822 Franz Hessel, Der Kramladen des Glücks

823 Salvatore Satta, Der Tag des Gerichts
824 Marie Luise Kaschnitz, Liebe beginnt
825 John Steinbeck, Die Perle
826 Clarice Lispector, Der Apfel im Dunkel
827 Bohumil Hrabal, Harlekins Millionen
828 Hans-Georg Gadamer, Lob der Theorie
829 Manuel Rojas, Der Sohn des Diebes
830 Jacques Stéphen Alexis, Der verzauberte Leutnant
831 Gershom Scholem, Judaica 4
832 Elio Vittorini, Erica und ihre Geschwister
833 Oscar Wilde, De Profundis
834 Peter Handke, Wunschloses Unglück
835 Ossip Mandelstam, Schwarzerde
836 Mircea Eliade, Dayan / Im Schatten einer Lilie
837 Angus Wilson, Späte Entdeckungen
838 Robert Walser, Seeland
839 Hermann Hesse, Sinclairs Notizbuch
840 Luigi Malerba, Tagebuch eines Träumers
841 Ivan Bunin, Mitjas Liebe
842 Jürgen Becker, Erzählen bis Ostende
843 Odysseas Elytis, Neue Gedichte
844 Robert Walser, Die Gedichte
845 Paul Nizon, Das Jahr der Liebe
846 Félix Vallotton, Das mörderische Leben
847 Clarice Lispector, Nahe dem wilden Herzen
849 Ludwig Hohl, Daß fast alles anders ist
850 Jorge Amado, Die Abenteuer des Kapitäns Vasco Moscoso
851 Hermann Lenz, Der Letzte
852 Marie Luise Kaschnitz, Elissa
853 Jorge Amado, Die drei Tode des Jochen Wasserbrüller
854 Rudyard Kipling, Das Dschungelbuch
855 Alexander Moritz Frey, Solneman der Unsichtbare
856 Kobo Abe, Die Frau in den Dünen
857 Thomas Bernhard, Beton
858 Felisberto Hernández, Die Hortensien
860 Jurij Trifonow, Zeit und Ort
861 Shen Congwen, Die Grenzstadt
862 Ogai Mori, Die Wildgans
863 Karl Krolow, Im Gehen
865 Gertrud von le Fort, Die Tochter Farinatas
866 Joachim Maass, Die unwiederbringliche Zeit
867 Stanisław Lem, Die Geschichte von den drei geschichtenerzählenden Maschinen des Königs Genius
868 Peter Huchel, Margarethe Minde
869 Hermann Hesse, Steppenwolf mit 15 Aquarellen von Gunter Böhmer
870 Thomas Bernhard, Der Theatermacher

871 Hans Magnus Enzensberger, Der Menschenfreund
872 Emmanuel Bove, Bécon-les-Bruyères
873 Max Frisch, Biografie: Ein Spiel, Neue Fassung 1984
874 Anderson/Stein, Briefwechsel
875 Rafael Sánchez Ferlosio, Abenteuer und Wanderungen des Alfanhui
876 Walter Benjamin, Sonette
877 Franz Hessel, Pariser Romanze
878 Danilo Kiš, Garten, Asche
879 Hugo von Hofmannsthal, Lucidor
880 Adolf Muschg, Leib und Leben
881 Horacio Quiroga, Geschichten von Liebe, Irrsinn und Tod
882 Max Frisch, Blaubart
883 Mircea Eliade, Nächte in Serampore
884 Clarice Lispector, Die Sternstunde
885 Konrad Weiß, Die Löwin
886 Tania Blixen, Moderne Ehe
887 Jean Grenier, Die Inseln
888 Thomas Bernhard, Ritter, Dene, Voss
889 Max Jacob, Höllenvisionen
890 Rudyard Kipling, Kim
891 Peter Huchel, Die neunte Stunde
892 Scholem-Alejchem, Schir-ha-Schirim
893 Ferreira Gullar, Schmutziges Gedicht
894 Martin, Kessel, Die Schwester des Don Quijote
895 Raymund Queneau, Mein Freund Pierrot
898 E. M. Cioran, Widersprüchliche Konturen
899 Thomas Bernhard, Der Untergeher
900 Martin Walser, Gesammelte Geschichten
901 Leonora Carrington, Das Hörrohr
902 Henri Michaux, Ein gewisser Plum
903 Walker Percy, Der Kinogeher
904 Julien Gracq, Die engen Wasser
906 Richard Weiner, Spiel im Ernst
907 Gertrude Stein, Jedermanns Autobiographie
909 Marie Luise Kaschnitz, Menschen und Dinge 1945
910 Thomas Bernhard, Einfach kompliziert
911 Alexander Kluge, Lebensläufe
912 Michel Butor, Bildnis des Künstlers als junger Affe
914 Wolfgang Koeppen, Der Tod in Rom
915 Catherine Colomb, Das Spiel der Erinnerung
916 Bohumil Hrabal, Sanfte Barbaren
917 Tania Blixen, Ehrengard
918 Bernard Shaw, Frau Warrens Beruf
919 Mercè Rodoreda, Der Fluß und das Boot
920 Adolf Muschg, Dreizehn Briefe Mijnheers
922 Anatolij Kim, Der Lotos

Bibliothek Suhrkamp

Alphabetisches Verzeichnis